キュンキュン★恋のすべてがわかっちゃう! 恋愛心理テスト

まんがで読み解く恋愛心理 1 ································ 8〜13
- 001 きのうまで、さいていなかった花がさいたよ。何の花?
- 002 花をかざるならどこがいい? / 003 花びらが落ちてきたよ。落ちた先は?

続くテストで恋愛心理をチェックしよう! ································ 14〜49
- 004 バッグがある場所は? / 005 エサをあげたい動物は? / 006 芸能人になっちゃった?
- 007 走り去った車は? / 008 パンケーキを焼くのは? / 009 窓の外の景色は?
- 010 幸せになるのはだれ? / 011 いっしょに、とうみんするなら?
- 012 かがやくものといえば? / 013 最後に気づいたまちがいは何?
- 014 シアターの座席番号は? / 015 あなたが知っている曲数は?
- 016 満腹のときにアイスクリームが出たら? / 017 残ったロウソクの数は?
- 018 無人島でうれしいものは? / 019 男の子からの手紙をどうする?
- 020 試食コーナーがたくさんあったら? / 021 あこがれのかんとくに会ったら?
- 022 ペットショップで見たネコは? / 023 あなたがとまる花は? / 024 評判のデザートは?
- 025 ティーパーティーを楽しむあなたは? / 026 クモの巣にかかった、えものは?
- 027 とうめいになったら? / 028 そうがん鏡で見ているものは?
- 029 ちょうはアイドルにとまる? / 030 夢の中でしていた遊びは?
- 031 画面に映ったドラマの場面は? / 032 どこでまほうを使う?
- 033 友だちからのおみやげは? / 034 図書館で目にとまった本は?
- 035 ばくだんが止まったのは? / 036 ダイエットをして着たい服は?
- 037 電車から降りられなかったのは? / 038 女海賊の相棒は?
- 039 レストランの注文ミスには? / 040 理科の実験の結果は?

まんがで読み解く恋愛心理 2 ································ 50〜54
- 041 カレに当てはまるもの、いくつある? / 042 カレの給食・お弁当の食べ方は?
- 043 カレにタオルをわたしたときの反応は?

気になるカレのことをテストしよう ································ 55〜88
- 044 休み時間のカレは? / 045 カレは何を売っている?
- 046 カレのお店の混雑度は? / 047 カレが見に行く、もよおしものは?
- 048 授業中のカレは? / 049 登校とちゅうのカレがあなたを見たら?
- 050 カレがバンドを組むなら? / 051 カレがプレゼントを用意するなら?
- 052 カレになじみの色は? / 053 カレに合いそうな番号は?

054 カレの指のつめは？ ／ 055 王子さまはどこにいる？
056 カレが見せたかったものは？ ／ 057 カレのくせやしぐさは？
058 カレが遊園地で気に入ったものは？ ／ 059 カレが引き受ける委員会は？
060 りゅうぐう城に持って行くものは？ ／ 061 電車が動かなかったら、カレはどうする？
062 カレと自分の間にあるドアは？ ／ 063 小さな女の子へのカレの態度は？
064 卒業式のカレは？ ／ 065 カレのイメージは？ ／ 066 天使のカレの羽は？
067 写生の授業でのカレの態度は？ ／ 068 カレの口グセは？ ／ 069 モンスターはだれ？
070 いっしょにスポーツをしたい子は？ ／ 071 男の子のあなたへの態度は？

Part 2 ドキドキ★自分の心がわかっちゃう！ 自分心理テスト

まんがで読み解く自分の心理 ……………………… 90〜93

072 カーテンを開けたら、何が見える？
073 秋の森でカゴをわたされたよ。何をとってくる？
074 湖にボートが浮かんでいるよ。何色に乗りたい？

続くテストであなた自身の心理をチェックしよう！ ……………………… 94〜132

075 落としたリンゴあめは？ ／ 076 リンゴあめを落としたわけは？
077 リンゴあめを落としたあとの展開は？ ／ 078 赤がラッキーカラーなら？
079 白雪ひめが目覚めたときは？ ／ 080 DVDが借り放題だったら？
081 どっちを選ぶ？ ／ 082 大量のワサビが入っていたおすしは？
083 美術館で見た絵は？ ／ 084 折れている色えんぴつは？
085 じゅうたいの原因は？ ／ 086 お出かけの予定の日が雨なら？
087 熱のときに飲む薬は？ ／ 088 迷うあなたに友だちは？ ／ 089 キスしてほしいところは？
090 どのくらい背がのびた？ ／ 091 カレにしてほしいのは？ ／ 092 海賊船でのあなたの仕事は？
093 海賊の宝の地図は？ ／ 094 ネコはなんと言った？ ／ 095 しゃべるネコをどうする？
096 なつかしいインテリアは？ ／ 097 恋のメッセンジャーは？ ／ 098 聞こえてきた曲は？
099 ヒロインが見まわれたアクシデントは？ ／ 100 人気スイーツをゲットしたのは？
101 お財布を見つけたのは？ ／ 102 公園にいたのは？
103 映画を見ているときの表情は？ ／ 104 ピノキオの服の色は？
105 ふうとうのデザインは？ ／ 106 留守番をたのむなら？ ／ 107 夢の中の姿は？
108 友だちのアクセサリーに選ぶのは？ ／ 109 服についているのは？
110 まほうの国でゲットしたのは？ ／ 111 泣いたあとに見た月は？
112 まちがい電話の声は？ ／ 113 ロウソクがともったのは？
114 夏休みの宿題はいつやる？ ／ 115 ぼうしはどこに落ちた？
116 当てはまるものは？ ／ 117 ネコへのプレゼントは？ ／ 118 本物の王子さまは？

こわい話でわかる自分診断　　　　　　　　　　　　　133〜144

- 119 エリカはどうしたと思う？ ／ 120 どんな声が聞こえた？
- 121 どのコスプレがよかった？ ／ 122 もらったおかしは？ ／ 123 どんなにおい？
- 124 どこを引っ張られた？ ／ 125 これって何!?

まんがで読み解く友情心理　　　　　　　　　　　　　146〜149

- 126 迷子になりそうな場所は？
- 127 スマホでゲームを始めてみよう。最初にイベントが起きた場所は？
- 128 最初につかまえた幻獣は？

続くテストで友情心理をチェックしよう！　　　　　　150〜181

- 129 どっちを選ぶ？ ／ 130 あなたはどの子？ ／ 131 運動会の競技は？
- 132 どの皿から食べる？ ／ 133 どんなジャンルの映画？ ／ 134 もも太郎になったら？
- 135 なんの番組の撮影？ ／ 136 海外に持っていくなら？ ／ 137 こうかん日記があったら？
- 138 タヌキになったら？ ／ 139 どの道を行く？ ／ 140 スイカの食べ方は？
- 141 手品のタネがわかったら？ ／ 142 芸能界デビューするなら？
- 143 サラダに入れる野菜は？ ／ 144 クマの子の用事は？ ／ 145 描き加えるなら？
- 146 友だちはイジメっ子になんて言う？ ／ 147 イベントで友だちは何をした？
- 148 友だちが言った言葉は？ ／ 149 右手を描くなら？
- 150 明かりがついている客室はいくつ？ ／ 151 川をわたるには？
- 152 写真はどこにかざる？ ／ 153 八つ当たりしたくなるのは？
- 154 電球が切れやすい部屋は？ ／ 155 ぬすまれたのは何？
- 156 捨てられないものは？

気になるトモのことをテストしよう　　　　　　　　　182〜195

- 157 あなたが指さした絵は？ ／ 158 どこで撮った写真？
- 159 プレゼントをくれそうな子は？ ／ 160 友だちが選んだあなたの色は？
- 161 友だちはなんと言った？ ／ 162 友だちは神さまになんて言う？
- 163 虫はどこに落ちた？ ／ 164 友だちを飲みものに例えたら？
- 165 友だちのどの指からぬる？ ／ 166 友だちの配役は？ ／ 167 あなたは何をする？

みんなで楽しむ心理テスト　　　　　　　　　　　　　196〜200

- 168 最初に見つけたまちがいはどれ？ ／ 169 箱の大きさは？
- 170 「パ」がつく食べものは？ ／ 171 友だちといっしょにタッチしたら？
- 172 写真に写る顔は？ ／ 173 ぐうぜん会った人は？

Part 4 ワクワク★未来の私がわかっちゃう！未来心理テスト

まんがで読み解く未来のこと …… 202〜205

174 なくしたカギ、どこで見つかった？
175 遊園地で人気アトラクションの列に並んだあなた。前に何人いる？
176 目が覚めて最初に聞こえた音は？

続くテストで未来のことをチェックしよう！ …… 206〜240

177&178 どっちを選ぶ？ ／ 179 いどをのぞいたら？
180 ハマったゲームは？ ／ 181 手をふっている人の服装は？
182 スクリーンに映ったのは？ ／ 183 "銭を投げる"って、どう思う？
184 ネコがいなくなったのはどこ？ ／ 185 貴重な花のかおりは？
186 小人の持ちものは？ ／ 187 給水所は何か所ある？
188 水のほかに欲しいものは？ ／ 189 話しかけてきたのはだれ？
190 ワンペアのカードは？ ／ 191 春を感じる出来事は？
192 実験で用意した器具は？ ／ 193 初めて料理をつくるときは？
194 お店のメインカラーは？ ／ 195 イヌのお世話で大変なのは？
196 物置にあったものは？ 197 金バッジの模様は？ 198 カレンダーの日付は？
199 スーパーで最初に買ったものは？ ／ 200 拾ったのはどんな貝がら？
201 花火が上がったときのあなたは？ ／ 202 ウォータースポーツにちょうせんするなら？
203 何うらないが得意？ ／ 204 マイクの代わりに持つものは？
205 グリーティングカードを送るなら？ ／ 206 お城はどっちにある？
207 あなたが深く感動したのは？ ／ 208 背中に乗りたいトリは？
209 街を歩いていたら？ ／ 210 人魚の子が苦手な魚は？ ／ 211 写真は何枚とった？
212 メダリストが学校に来たら？ ／ 213 「結ぶ」といえば？
214 月の宮殿にあるものは？ ／ 215 家が真っ暗なのは？
216 幼なじみのもも太郎にあなたは？ ／ 217 なかなか育たないまほうの花は？
218 雨の日に子ネコを見つけたら？

Part 5 ハラハラ★対人関係がわかっちゃう！対人心理テスト

まんがで読み解く対人関係 …… 242〜245

219 トランプをひいてみて。出たマークは？
220 家の人からたのまれた用事は？ ／ 221 親が買ってくれる服の色は？

続くテストで対人心理をチェックしよう！ 246〜264

222 どっちを選ぶ？ ／ **223** 宿選びのこだわりは？ ／ **224** 宿が建っているのはどこ？
225 子どものころの両親は？ ／ **226** まじょが下りた屋根は？ ／ **227** 声をかけたのはだれ？
228 子イヌの目の前に穴が!? ／ **229** 目の前に現れた風景は？
230 夏の合宿の思い出は？ ／ **231** うらないの結果が悪かったら？
232 あなたの前世は？ ／ **233** ため息はどこから聞こえた？
234 サーカスで印象的なのは？ ／ **235** 最初に買ったパーティーグッズは？
236 感動して泣いたのは？ ／ **237** 最後のセリフは何？ ／ **238** 休日の先生の行動は？
239 あなたでもできそうなマジックは？

Part 6 ルンルン★オシャレのヒケツがわかっちゃう！オシャレ心理テスト

まんがで読み解くオシャレのこと 266〜269

240 空に浮かんでいる月のカタチは？ ／ **241** 好きな子がリュックサックから取り出したのは？
242 あなたがあこがれるモデル。特技は何？

続くテストでオシャレのことをチェックしよう！ 270〜280

243 最初にやりたいのはどれ？ ／ **244** 男の子とやりたいゲームはどれ？
245 クレーンゲームの中身、どれを取りたい？ ／ **246** プリクラを加工するなら？
247 宝石をつくるなら？ ／ **248** 忘れてきたものは？ ／ **249** ネコは何びき？
250 このトリに、がらをつけるなら？ ／ **251** カレンダーはどのタイプ？
252 あなたの外見は？ ／ **253** チャレンジするダイエットは？
254 バトンは何色？ ／ **255** カレにつくるお弁当は？

ハッピーをゲットするおまじない

恋愛運をアップする 281
出会い運がアップする ／ 気になるカレと両想いになる ／ 恋が長続きする

自分をパワーアップする 283
成績を上げる ／ 強い子になれる

友だちとうまくいく 284
友だちが増える ／ ケンカした友だちと仲直りできる

未来を明るくする 285
夢がかなう ／ ラッキーなことが起こる

対人運をアップする 286
人気者になれる ／ ギャグがウケる

オシャレじょうずになれる 287
センスをアップさせる ／ スタイルがよくなる

Part.1

キュンキュン★恋のすべてがわかっちゃう!

恋愛心理テスト

自分の理想の恋愛や、ぴったりの恋人のタイプ、気になるカレの攻略法など、恋愛に関するすべてのことが、心理テストでバッチリわかるよ!

テスト001
きのうまで、さいていなかった花がさいたよ。何の花？

- **A** ヒマワリ
- **B** カーネーション
- **C** アジサイ

テスト002
花をかざるならどこがいい？

A 勉強机の上　**B** 出窓　**C** ベッドのそば

えぇ!?
これで何が
わかるの？

いいから
選んで選んで♥

テスト 003 花びらが落ちてきたよ。落ちた先は？

A 池の中　**B** しばふの上　**C** ネコの背中

私は **A** かな

わかるのは…

診断 003 恋に落ちるしゅんかん

A やさしくされたしゅんかん
重い荷物を持ってくれたなど、
やさしくされたしゅんかんにフォーリンラブ！

B カッコいいしゅんかん
サッカーのゴールをキメたときなど
カッコよく見えたしゅんかん、恋に落ちそう。

C ふれ合ったしゅんかん
かたがぶつかったり、ハイタッチしたりと
ふれ合ったしゅんかんに、恋がスタート！

バッグがある場所は?

動物園に、お気に入りのバッグを忘れてきちゃったよ。すぐ取りに行ったけど、バッグはどこにあった?

A ライオンのおりの前

B 展示コーナー

C 売店

D 池のベンチ

このテストの診断は16ページだよ

エサをあげたい動物は?

体験学習で、動物にエサをあげられることになったよ。
どの動物にあげる?

- Ⓐ クジャク
- Ⓑ ラッコ
- Ⓒ ヒョウ
- Ⓓ チンパンジー

♡ 恋愛心理テスト

このテストの診断は17ページだよ

診断004 わかるのは… 相性のいい恋人タイプ

🅐 スポーツマンタイプ
あなたに相性ピッタリなのは、男らしくてかっこいいスポーツマンタイプ。リーダーの素質があり、あなたをしっかりと守ってくれるよ。

🅑 優等生タイプ

あなたに相性ピッタリなのは、頭がいい優等生タイプ。クールで大人っぽいところが魅力。たよりがいがあるけど、ときどきあまえてくる、ギャップ萌えのところも♥

🅒 おもしろタイプ
あなたに相性ピッタリなのは、楽しくて人気のあるおもしろタイプ。いつもみんなを笑わせているムードメーカーだね。落ちこんでいるときも、カレの笑顔でハッピーに。

🅓 いやし系タイプ

あなたに相性ピッタリなのは、優しくて思いやりのあるいやし系タイプ。いつもあなたのことを気にかけてくれて、なやみにもじっと耳をかたむけてくれるよ。

診断005 わかるのは… 恋愛に求めるもの

♡恋愛心理テスト

Ⓐ ロマン
あなたが恋愛に求めるのは、ロマンチックな体験。カレに愛の言葉をささやかれたり、2人で手をつないで海辺を歩いたりしたいかも!?

Ⓑ いやし
あなたが恋愛に求めるのはいやし。やさしいカレに守られて、おだやかでリラックスした毎日を過ごしたいと思っているよ。

Ⓒ スリル
あなたが恋愛に求めるのはスリル。いっしょにいるだけで胸がキュンキュンするカレと、2人きりで大人っぽいデートをしたいのかも。

Ⓓ 楽しさ
あなたが恋愛に求めるのは楽しさ。テーマパークで思い切り遊んだり、友だちカップルとダブルデートをしたり、笑いが絶えない恋をしたいみたい。

テスト006 芸能人になっちゃった？

あてはまるほうを選んで、矢印に沿って進んでね。

1 あなたは芸能人だよ。芸能界に入ったきっかけは？
オーディション⇒ **2** へ
スカウト⇒ **3** へ

2 バラエティ番組に出演することに。ほんとは、やりたくないのは？
しくじりの告白⇒ **4** へ
熱湯ぶろ⇒ **5** へ

3 食レポで超苦手な食材が出てきたよ！ どうする？
あきらめて食べる⇒ **5** へ
こっそり捨てる⇒ **6** へ

5 「あくしゅ会」に昔あなたをいじめていた男子が来たよ。あなたの対応は？
やさしい"神対応"⇒ **8** へ
冷たい"塩対応"⇒ **9** へ

6 朝ドラヒロインの最終オーディションまできたよ。いっしょにテストを受けた親友に「役をゆずって」と大泣きされたら？
どうようして迷う⇒ **9** へ
それでもベストをつくす⇒ **10** へ

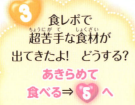

このテストの診断は20ページだよ

④
人気アイドルとの
デートをスクープ
されちゃった!
さそったのはどっち?
あなた⇒ **7** へ
カレ⇒ **8** へ

⑦
尊敬する
映画かんとくに、
何かを手わたすなら?
自分を売りこむ
手紙⇒ 診断A
手づくりのおかし
⇒ 診断B

⑧
マネージャーの
誕生日。お店が
閉まっていてプレゼントが
買えないよ!? どうしよう?
ほかの店を探す
⇒ 診断B
カードだけわたす
⇒ 診断C

⑨
朝ドラの
ヒロイン役を
ゲットしたあなた。
会見の席であなたは?
感激のナミダ⇒ 診断C
落ち着いてあいさつ
⇒ 診断D

⑩
あこがれの俳優から
「部屋にこない?」と
さそわれちゃった!
どうしよう?
行く⇒ 診断E
断る⇒ 診断D

診断A
診断B
診断C
診断D
診断E

恋愛心理テスト

はまりがちな恋愛パターン

追いかけすぎてにげられる!?
積極的なあなたは、恋をするとハンターに変身。好きな人を追いかけてさそいまくりそう。追われるとにげたくなるのが男心。もう少しクールになったほうが愛されるよ。

つくしすぎてふりまわされる!?
好きな人にはトコトンつくしたいあなた。自分のことは後回しにして、カレのワガママをきいてあげるパターンにご用心。カレ、あなたにあまえて、さらにワガママになっちゃうかも!?

短命な恋になりがち？
争いが苦手なあなた。カレとうまくいきかけても、ライバルが登場すると気持ちがしぼみがち。恋をアッサリあきらめちゃうことが多いけど、カレを好きなら正々堂々とたたかってもOK!

ツンデレで誤解!?
テレ屋のあなたは、好きな人の前だと素っ気ない態度になりがち。本当はあまえたいのに、クールにふるまうあなたに、カレは"きらわれているのかな"と誤解して、はなれていくかも!?

慣れると浮気心が!?
意外とあきっぽいあなたは、両思いになってから浮気しちゃう!?……というパターンに要注意。魅力的な男の子が現れたら、つい気持ちがフラフラといきそう。今の恋を大切にしてね。

テスト007 走り去った車は？

信号待ちをしていたら、すごい勢いで通り過ぎた車があったよ。どんな車？

♡恋愛心理テスト

Ⓐ スポーツカー
Ⓑ ワンボックスカー
Ⓒ タクシー
Ⓓ ジープ

このテストの診断は22ページだよ

21

診断007 わかるのは… 理想の恋愛スタイル

A セレブなおひめさまスタイル

高級スポーツカーはセレブのしょうちょう。あなたは学校一のお金持ちで王子さまみたいなカレから、ひと目ボレされそう。大豪邸に招待されたり、高価なプレゼントをもらったりと、大切にされそう。最初はとまどっていたあなたも、カレにひかれてセレブカップル誕生!

B 仲良しファミリースタイル

ワンボックスカーは家族のしょうちょう。弟や妹のめんどうを見るやさしいイケメンと出会ったあなたは、カレといっしょに弟や妹と遊んだことから仲良しに! じつはカレ、学校ではクールな男子で通していたの。"ボクの本当の姿を知るのはキミだけ"と告白されてカップルに。

C 助けてられて芽生えるラブスタイル

タクシーは助け人を意味するよ。先生に無理なたのまれごとをされて困っていたあなたに、「こんなの簡単だよ」と手伝ってくれるカッコイイ男子が登場。ピンチのたびに現れて助けてくれるカレは、前からあなたのことが好きだったみたい。たよれるカレに大切にされて、幸せ!

D 追いかけられる情熱ラブスタイル

ジープはワイルドな魅力を意味するよ。ファンに追いかけられている男の子をかくまってあげたあなた。カレは超有名なスポーツ選手だけど、あなたはカレを知らないみたい。自分に興味を持たないあなたがしんせんで、アタックしてくるカレ。実は性格もいいカレにあなたもやがて心を許して、いつしかラブ♥

テスト008 パンケーキを焼くのは?

キッチンにおいしいにおいがただよっているよ。パンケーキを焼いているのは、だれ?

Ⓐ あなた　Ⓑ あなた以外の人

テスト009 窓の外の景色は?

電車でうたたねしちゃったよ。目が覚めたときに、窓から見えたのは?

Ⓐ 初めて見る景色

Ⓑ いつもの風景

テスト010 幸せになるのはだれ?

みんなが知っている物語の中のヒロインたち。一番幸せになれそうなのはだれかしら。

Ⓐ 白雪ひめ

Ⓑ シンデレラ

Ⓒ 美女と野獣のベル

このテストの診断は24ページだよ

恋愛心理テスト

> わかるのは…

診断008 愛されたい派？ 愛したい派？

A 愛したい派
愛されたい気持ちは強いけど、自分が愛したい思いのほうがもっと強そう。カレが喜ぶことをしてあげることが、あなたの幸せみたい!

B 愛されたい派
大事にされたい気持ちが強いあなたは、恋をすると愛されたい派になりそう。カレに大切に守られて、いつも愛の言葉につつまれていたいはず。

> わかるのは…

診断009 恋で変身するタイプ？ しないタイプ？

A 変身するタイプ
あなたは恋をすると大変身しちゃうタイプ。おてんばだったのがおしとやかになったり、引っこみ思案だったのが活発になったりするよ。楽しみだね!

B 変身しないタイプ
あなたは恋をしても、あまり変わらないタイプ。自分をしっかり持っていて、カレができても、いつものあなたのままだよ。カレのほうが変身したりして!?

> わかるのは…

診断010 男の子を見る目はある？ ない？

A 見る目 ×
何度ダマされても学習できない白雪ひめ。あなたは男の子を見る目があまりないかも!? カレシ選びで失敗しないように、友だちに相談して。

B 見る目 △
楽しいと、時間を忘れるシンデレラ。あなたは、夢中になると判断力が低下することがあるかも。男子を見る目は平均レベルだね。

C 見る目 ○
こわい野獣の見た目ではなく、その心の清らかさを見ぬいたベルを選んだ、あなたの男の子を見る目は確か。素敵なカレをゲットできそう。

テスト011 いっしょに、とうみんするなら?

寒い冬はあったかいふとんにくるまれてねむり、春を待ちたいあなた。いっしょにとうみんするとしたら、だれがいい?

A クマ

B ウサギ

C リス

♡恋愛心理テスト

テスト012 かがやくものといえば?

"キラキラかがやいているもの" と聞いて、あなたが思い浮かべるのは、次のうち、どれ?

B 宝石

A 朝の海

C デビューしたてのアイドル

このテストの診断は28ページだよ

最後に気づいたまちがいは何？

正しい

このテストの診断は29ページだよ

2枚のイラストでまちがい探しをしてみて。
4つあるまちがいのうち、あなたが最後に気づいたまちがいは、どれ？

♡恋愛心理テスト

まちがい

ナイフ　羽　魚のしっぽ　ひとみの色

診断011 わかるのは… 恋愛におけるあなたの魅力

Ⓐ たよりになるところ
めんどうみがよくて、たよりになるあなた。どんなオレさま系の男の子だって、だれでもちょっぴり自分に自信がないもの。あなたに人気があるのは当然かも!

Ⓑ やさしいところ
相手を気づかう思いやりに満ちたあなた。男の子の心をいやし、かまってほしいカレの心をぐっとつかむよ。あなたのやさしさにひかれる男の子は、とても多そう!

Ⓒ ほがらかなところ
話をしていると、とてもおもしろくって楽しいあなた。いっしょにいて明るい気持ちになる、そのほがらかさが人気のヒミツ! しぐさがかわいいのも魅力みたい。

診断012 わかるのは… あなたのモテポイント

Ⓐ 清純さ
あなたのモテポイントは、清純でピュアなイメージ。そのふんいきから、あなたを「守ってあげたい」と思っている男子は多いかも!?

Ⓑ 見た目
あなたのモテポイントはズバリその見た目、ルックスにあるかも。いつもキラキラとしていて、男子はみんな、あなたに注目していそう!?

Ⓒ 人づきあいのよさ
あなたのモテポイントは社交的なところ。いつも笑顔で感じがよくて、話しかけやすい人づきあいのよさが、男子には魅力的みたい。

013 わかるのは… 好きな子に求めるもの

♡恋愛心理テスト

Ⓐ 強さ
ナイフが表すのはパワー。あなたが好きな子に求めるのは強さだね。何があってもあなたを守ってくれる男らしさとタフな心が、イチバン大切だと思っているみたい。いくらイケメンでも、弱っちいのは問題外？

Ⓑ 見た目
羽が表すのは理想的な外見。あなたが好きな子に求めるのはルックスだよ。顔がきれいで背が高くてスタイルばつぐん！ ついでにファッションセンスもよければ言うことなしって感じ。見た目が最重要みたい。

Ⓒ ノリ
魚のしっぽはノリのよさを表すよ。あなたが好きな子に求めるのは楽しさ。おもしろいことを言って笑わせてくれたり、話題のスポットに連れて行ってくれたり、いっしょにいて楽しいことが恋人選びの条件かも！？

Ⓓ 誠実さ
目が表すのは正直な心。あなたが好きな子に求めるのはウソをつかない誠実さ。だれに対してもフェアで裏表がなく、恋人にはやさしく、浮気なんて考えられない子を望んでいるよ。あなた一筋に愛してほしいみたい。

29

テスト014 シアターの座席番号は?

定員40名のミニミニシアターに映画を観に行ったよ。あなたの座席番号は何番だった?

テスト015 あなたが知っている曲数は?

教会でコンサートがあったので、聞きに行ったあなた。あなたが知っている曲は、何曲あった?

テスト016 満腹のときにアイスクリームが出たら?

食後にアイスクリームが2つも出てきたよ。おいしそうだけど、お腹がいっぱい!……どうする?

Ⓐ 全部食べる　Ⓑ 1つだけ食べる　Ⓒ 食べない

テスト017 残ったロウソクの数は?

ケーキにたくさんのロウソクがともっているよ。急に風がふいてきて、いくつかの火が消えちゃったよ! 火がついているロウソクは何本?

このテストの診断は32ページだよ

テスト018 無人島でうれしいものは？

海で流されて、無人島にたどりついたあなた。何もなくて困っているあなたが、最初に見つけてうれしいものは何？

Ⓐ フルーツ

Ⓑ わき水

Ⓒ 安全などうくつ

Ⓓ おきを通る船

♡恋愛心理テスト

テスト019 男の子からの手紙をどうする？

男の子からプレゼントをもらっちゃったよ！　手紙も入っているようだけど、とりあえず、どこにしまう？

Ⓐ 机の引き出しの中

Ⓑ クローゼットの中

Ⓒ そのへんに置いておく

このテストの診断は33ページだよ

014 あなたのモテ期
わかるのは…

座席の番号は、あなたのモテ期の年令を表しているよ。1〜12だったら今がモテ期。それ以上ならその番号＝モテ年令。「25番」って答えた人は 25才が最高のモテ期だよ。だれ？「40番」なんて言った人は!?

015 結婚までに告白される回数
わかるのは…

知っている曲の数＝結婚までに告白される回数だよ。10曲以上なら、あなたは超モテモテ。たくさんの男の子から告白されそう。それ以下の数は、実際に告白される回数だよ。でも、知っている曲がゼロでも心配しないで。自分から告白をして、恋をゲットすればいいだけだから!

016 2人同時に告白されたときは？
わかるのは…

Ⓐ 2人同時につきあう
"せっかくだから!" と2またをかけちゃう!?

Ⓑ 1人を選んでつきあう
タイプの男子を1人選んで交際をスタートさせるみたい!

Ⓒ 好み次第
たとえ人気者でも、好きじゃなければ2人ともフッチャいそう。

017 しょうがいの恋人の数
わかるのは…

残ったロウソクの数は、あなたのしょうがいの恋人の数。10本以上なら恋多き女だね！ 楽しそうな人生だけど、もしかしたら浮気の可能性もあり!? 10本未満なら数字＝恋人の数だよ。「1本」と答えた人は、しょうがいたった1人を愛しぬく、いちずなタイプ。

診断018 わかるのは… 運命の人との出会い

Ⓐ ピンチを助けてくれる
運命の人とは、あなたがピンチのときに出会えそうだよ。知らない街で迷子になるなど、困ったときに声をかけてくれたカレが、その人だよ。

Ⓑ 学校でトキメキの出会い
運命の人と出会うのは、学校。入学式やクラブ活動でトキメキの出会いがあるかも!? もしかしたら、すでに出会っているかもよ!

Ⓒ 人のしょうかい
運命の人とは、だれかのしょうかいで出会えそう。友だちが"いい人いるよ"と言ったら、すぐに会わせてもらわなくっちゃね!

Ⓓ チャレンジの場での出会い
あなたが何かにちょうせんしたときに、運命の人に出会えそう。検定やコンテスト、スポーツの試合などで知り合う可能性が高いよ!

診断019 わかるのは… ファーストキスの時期

Ⓐ もっと先
しばらくキスをすることはなさそう。恋とは別のことにいっしょうけんめいになっているかしら? でも、男の子とプラトニックなおつき合いもよさそうだね。

Ⓑ 1年以内
1年以内にファーストキスがやってきそう。初めて本気で好きになった男の子と、一生忘れられない思い出になるね!

Ⓒ もうすぐ?
半年以内、それほど遠くない先の未来で、ファーストキスを経験しそう。自分でも意外なほど自然でスムーズな流れで、感動するかも!

恋愛心理テスト

テスト 020 試食コーナーがたくさんあったら？

修学旅行先のおみやげもの店で、たくさんの試食コーナーがあったよ。全部食べてみる？ それとも気になるものだけ食べる？

テスト 021 あこがれのかんとくに会ったら？

あなたは女優。初めて会うかんとくを前にして、「ずっとかんとくのファンでした！ 作品は全部見ています！」……って、堂々と言える？

テスト 022 ペットショップで見たネコは？

A 目が合っちゃった

B ねていた

ペットショップに行ったらかわいいネコに胸キュンしたあなた。ネコは、どんな様子だった？

テスト 023 あなたがとまる花は？

あなたはミツバチ。次の2つの花があったら、どっちの花にとまる？

A チューリップ　**B** バラ

このテストの診断は37ページだよ

テスト024 評判のデザートは？

パティシエになったあなた。ここでしか食べられない！ と客がおしよせる、大評判のデザートは何？

Ⓐ スポンジケーキ　Ⓑ まっちゃムース　Ⓒ アップルパイ

テスト025 ティーパーティーを楽しむあなたは？

素敵な西洋館で、ティーパーティーを楽しんでいるあなた。あなたはこのパーティーを開いた館のおじょうさま？ それともパーティーに招待されたお客さま？

テスト026 クモの巣にかかった、えものは？

クモの巣があったよ。そのクモの糸には、えものはたくさんかかっているかしら？ それとも1ぴきだけ？

テスト027 とうめいになったら？

とうめい人間になったあなた。とうめいの姿で好きな男の子の部屋に行ったら、どうする？

Ⓐ あれこれのぞいちゃう

Ⓑ カレのイスにぼーっと座る

このテストの診断は38ページだよ

♡恋愛心理テスト

テスト 028 そうがん鏡で見ているものは？

女の子がそうがん鏡で観察しているものは、次のうち、どれ？

Ⓐ ライバル女子の動向　　Ⓑ 鳥の子育て
Ⓒ 気になる男の子の様子

テスト 029 ちょうはアイドルにとまる？

アイドルが南の島でさつえい中に、ちょうが飛んできたよ。ちょうはその子にとまった？　それとも、とまらなかった？

テスト 030 夢の中でしていた遊びは？

夢の中で、男の子と遊んでいたあなた。何をして遊んでいた？

Ⓐ かけっこ　Ⓑ かくれんぼ
Ⓒ ドッジボール　Ⓓ 砂場遊び

テスト 031 画面に映ったドラマの場面は？

あなたがハマっている恋愛ドラマが、テレビで流れているよ。今、画面に映っているのは、どんな場面？

Ⓐ 女の子が告白をされている
Ⓑ 女の子が別れ話をされている

このテストの診断は39ページだよ

わかるのは…
診断020 恋愛体質度

全部食べちゃう人はいつでも恋をしていたい**恋愛体質のヒト**。恋することが元気になるエネルギーみたいだね。気になるものだけ食べる人は、**恋愛体質はふつうレベル**。恋のほかにも夢中になることがあるみたい。

わかるのは…
診断021 小あくま度

堂々と言えちゃうあなたは、**小あくまの素質がめちゃ高め**。相手をほんろうするのが得意で、自分を好きにさせることをゲーム感覚で楽しんじゃいそう。言えないあなたの**小あくま度は低め**。誠実さが魅力だよ!

わかるのは…
診断022 恋愛のめりこみ度

🅐 底なしぬまレベル
ほかのことが手につかないくらい、ズブズブと恋にしずんでいきそう。

🅑 ふつうレベル
好きな気持ちはあっても、時間をかけて恋心を育んでいくタイプ。

わかるのは…
診断023 メンクイ度

🅐 低め
花言葉「まじめな愛」のチューリップを選んだあなたのメンクイ度は低め。顔よりも、性格や人がらにひかれるみたい。

🅑 高め
花言葉「美」のバラを選んだあなたはハッキリ言ってメンクイ。顔がよければ性格イマイチでもOKかも。

恋愛心理テスト

診断024 わかるのは… いやし度

A いやし度 90％以上
まったり、ほんわかしたふんいきに、カレもひかれそう。

B いやし度 60％
ときどきおっとり、天然モードになる、かくれいやしタイプ。

C いやし度 30％
いやし系ではないけど、元気いっぱいなあなたは魅力的だよ！

診断025 わかるのは… ツンデレ度

パーティーを開いたおじょうさまと答えたあなたは、**ツンデレちゃん**。照れ屋さんでプライドが高いから、男の子の前でもツンとしちゃうみたい。でも、2人きりになるとネコみたいにあまえるかも!?　お客さまと答えたあなたの**ツンデレ度は低め**。自分を素直に出せる子だよ。

診断026 わかるのは… 浮気度

たくさんと答えたあなたは、カレがいても、好みの男の子と出会うと、つい気持ちがゆれちゃうみたい。**浮気度が高い**から気をつけて。1ぴきと答えたあなたは、好きなカレ一筋のマジメタイプ。**浮気度は低め**だよ。

診断027 わかるのは… 夢みがち度

A 低め…じっさいのカレがどんな子なのか、いろいろとのぞいて確かめたいんだね。現実的で、あまり夢みがちではないタイプ。

B 高め…カレの部屋にあるものをぼんやりとながめながら、カレはどんな人なのか、想像の羽を広げるタイプ。夢みがち度は高め。

診断028 わかるのは… ジェラシー度

A ジェラシー度 80%以上
カレがほかの女の子と笑っているだけで、ムカつきそう!?

B ジェラシー度 30%以下
カレのことを信じているあなたは、ジェラシー度低め。

C ジェラシー度 50%
ヤキモチを焼いたり、焼かなかったり、ケースバイケースみたい。

診断029 わかるのは… セクシー度

アイドルにちょうがとまったと答えたあなたのセクシー度は高め。男の子をドキドキさせるフェロモンが出ているかも!? とまらなかったと答えたあなたのセクシー度は、今のところ低め。しぐさを女の子らしくするか、大人になるまで待つといいよ。

診断030 わかるのは… エッチ度

AかCを選んだ人はエッチ度は低め。エッチな話をしていても、今ひとつピンときていないかも!? BかDの人はエッチ度高め。いやらしい話には興味なさそうにしていても、聞き耳を立ててるタイプ。エッチな妄想もしていそう!

診断031 わかるのは… 失恋引きずり度

A あまり引きずらない
別れたときには号泣しても、すぐに立ち直れるタイプ。"もっと素敵な恋人を見つけよう!"と考える前向きな人だよ。

B けっこう引きずる
意外と失恋を引きずるタイプ。少なくても半年くらいは、カレのことを思い出して落ちこんじゃいそう。

♡恋愛心理テスト

どこでまほうを使う?

あなたは、まじょ。学校でまほうを使える場所が1か所だけあるよ。どこだと思う?

Ⓐ 音楽室　　　　　　Ⓑ パソコンルーム

Ⓒ 自分の教室　　　　Ⓓ 家庭科室

このテストの診断は43ページだよ

テスト033 友だちのおみやげは？

旅行に行っていた友だちから、おみやげをもらったよ。あなたがもらったのは、次のうち、どれ？

- Ⓐ キーホルダー
- Ⓑ ご当地クッキー
- Ⓒ タオルハンカチ

恋愛心理テスト

テスト034 図書館で目にとまった本は？

図書館の本だなを見ていたら、目を引く表紙があったよ。それは、どんな本だった？

- Ⓐ ファンタジー
- Ⓑ 絵本
- Ⓒ うちゅうの本
- Ⓓ コミック

このテストの診断は44ページだよ

テスト035 ばくだんが止まったのは？

あなたと恋人は、けいじとしてかつやく中。犯人が仕かけた時限ばくだんを、2人で止めることに！協力し合って、無事にばくだんは止められたよ。ばくだんが止まったのは何秒前？

- A 1秒～5秒
- B 6秒～10秒
- C 11秒～30秒
- D 30秒以上

テスト036 ダイエットをして着たい服は？

着たい服を着るために、ダイエットをすることにしたあなた。着たい服って、どんな服？

- A レースやフリルのガーリーな服
- B キチンと感ありのスクールコーデ
- C 体のラインが出るワンピ
- D ボーイッシュなパンツスタイル

このテストの診断は45ページだよ

診断032 わかるのは… 好きな人と仲良くなるテク

Ⓐ ぐうぜんを装う

音楽が表すのは"ぐうぜん"。カレが行きそうな場所で待ちぶせをするなどの"ぐうぜん"を何度かくり返すうちに、あなたのことを"運命の相手!?"と思うかも。いっしょに帰ったり、話す機会が増えて、きっと仲良くなれるはず。

Ⓑ 仲間の力を借りる

パソコンが表すのは"つながり"。好きな人と仲良くなるには、今つながっている仲間の力を借りるといいね。遊園地やカラオケなど、グループで遊べる計画を立てて、カレをさそおう。それがきっかけで、グンときょりが縮まりそう!

Ⓒ 自分アピール

教室が表すのは"自分らしさ"。あなたが好きなCDやマンガを「おもしろいよ」とカレに貸す作戦がおすすめ。好きなおやつをあげるのも◎。共通の話題が増えて、仲良くなれるはず。そのうちカレから、デートにさそわれるかも。

Ⓓ やさしく気づかう

家庭科室が表すのは"気づかい"。好きな人が落ちこんでいるときは明るくはげまし、小さなケガをしたときは「はい!」とバンドエイドを差し出して。あなたの気づかいにカレは心を開くようになり、気がつけば仲良しに!

♡ 恋愛心理テスト

診断033 わかるのは… 男の子との出会いスポット

A アミューズメントスポット
遊園地、カラオケ、ゲームセンターなど、友だちと出かけると楽しいアミューズメントスポットに、素敵な出会いがありそうだね。

B イベントスポット
イベント先に、イイ出会いが待っていそう。コンサートやお祭、花火大会、修学旅行先など、イベントごとに期待してね!

C いつもの場所
学校以外の"いつもの場所"に、出会いが集中しているよ。通学に利用する駅やコンビニ、書店などは、出会いの可能性が高いみたい。

診断034 わかるのは… おすすめデートスポット

A 遊園地
最初から最後までハイテンションでいられるね! 夢のような国で、夢のようなデートができそう。2人の思い出にしっかりと残るよ。

B 公園
カレと2人、公園のベンチでおやつを食べたり、木や花を見ながら、のんびりとおしゃべりをするのが2人のシアワセみたい!

C 博物館
好奇心いっぱいの2人には、博物館がオススメ。未知のものにふれることで、時が過ぎるのを忘れるくらい夢中になって楽しめそう!

D ショッピングモール
思いつくままにお店をのぞいたり、ゲームセンターで遊んだり、気の向くままのラフなデートがいいみたい。自然に盛り上がれそうだね。

035 わかるのは… 相性のいい恋人との年令差

Ⓐ 相手がちょっと年下
少し幼いところがあるあなたは、1～3才年下の男の子との相性が◎。若い子(!?)のほうが波長が合いそう!

Ⓑ 同い年
年令差はなし。相手の年令に合わせなくていいから、つかれない同い年のカレがイチバン。共通の話題も多いしね。

Ⓒ 相手がちょっと年上
軽くあまえんぼうのあなたは、1～3才年上だとイイ感じ。お兄さんと、年の近い妹みたいなふんいきで、いいムードに。

Ⓓ 相手が4つ以上年上
4才以上年上の人との相性が◎。大人っぽいあなたには、年下や同級生では、物足りないのかもね。

036 わかるのは… あなたの魅力を生かす告白のセリフ

Ⓐ 「ずっと大好きだったの」
かわいさをアピールすると◎! ふるえるような、はかない声で言うのがいいよ。

Ⓑ 「好きです。つき合ってください」
マジメなあなたは、どストレートな告白が◎! 直球で思いを伝えよう!

Ⓒ 「もう○○君のことしか考えられない…」
小あくまテイストで、あまえた風に告白すると、相手の心をワシづかみ!

Ⓓ 「私とつき合うと楽しいよ?」
明るく元気なあなたは、ちょっといたずらっぽく告白するといいみたい。

テスト 037 電車から降りられなかったのは?

降りなきゃいけない駅で、電車を降りられなかったあなた。それは、なぜ?

Ⓐ 混んでいた
Ⓑ ねちゃっていた
Ⓒ ゲームをしていた

テスト 038 女海賊の相棒は?

あなたは女海賊だよ。いつもうでにいる相棒的な存在は、次のうち、どれ?

Ⓐ サル
Ⓑ オウム
Ⓒ 腹話術の人形

このテストの診断は48ページだよ

テスト039 レストランの注文ミスには?

レストランで、注文していないものが出てきたよ。あなたなら何て言う?

Ⓐ 「これ、ちがいます」
Ⓑ 「おいしそうだし、これでいいです」
Ⓒ 何も言わない

♡恋愛心理テスト

テスト040 理科の実験の結果は?

学校の理科の授業で、実験をしたよ。実験結果は、どうだった?

Ⓐ 大成功!
Ⓑ 失敗しちゃった…
Ⓒ 失敗したけどごまかした

このテストの診断は49ページだよ

診断037 わかるのは… 恋愛でやりがちな失敗

A カレへのそくばく
何をしていたのか細かく聞いたり、メールをしすぎたり、そくばくしがち。カレに息がつまる、なんて思われないように注意して。

B マイペースすぎ
ちこくしちゃったり、約束を忘れちゃったり、マイペースすぎるのが問題かな。気分で予定を変えたりして、イライラさせないように要注意。

C 内気で引っこみじあん
引っこみじあんなのが失敗要因。リアクションが少ないと、自分といてもカレはツマラナイんじゃないかな、と心配しちゃうかも。

診断038 わかるのは… たよりになる恋愛相談の相手

A 友だち
いつもは"恋"と聞いただけでキャーキャーさわいでいるだけの友だちでも、いざとなるとしんけんに話を聞いてくれるよ。

B 親族
姉妹や同性の親せきなど。するどいツッコミはあるけど、あなたの性格をわかっているから、アドバイスも的確だよ。

C ペット
はずかしくて人には相談できなくても、ペットに話すことで気持ちが落ち着くみたい。ナイスな解決法が浮かびそう。

039 三角関係になったらどうする？

A 相手と競う
ハッキリとした性格のあなたは、三角関係になってもひるまない人。カレに自分が選ばれるように努力をして、恋を勝ち取りそう。

B じょうきょうに流される
自己主張をしないあなたは、三角関係になってもじょうきょうに流されがち。どちらか選べないカレを、許してしまいそう。

C 別れるのもアリ
何も言わなくても、白黒つけたい気持ちは、だれよりも強いタイプ。カレがハッキリしないなら、自分からサヨナラしそう。

040 ライバルに勝つ方法

A 堂々と戦う
自分に自信があるあなた。「私もカレが好きだよ」と正々堂々と宣戦布告をしてみて。その勢いに、相手は戦意そうしつするかも!?

B 友だちを味方につける
今ひとつ自分の魅力に自信がないあなた。カレの友だちを味方につけて、あなたに好意的な情報を流してもらうといいね。

C 作戦勝ちをねらう
負けずぎらいのあなたは、ライバルがいると燃えるタイプ。相手より先に告白をしたり、作戦をしっかりと練ってアタックして。

♡恋愛心理テスト

テスト 041 カレに当てはまるもの、いくつある?

1. 最近おしゃれになった
2. 名前を呼ばれても気づかないことがある
3. よく友だちにからかわれている
4. 前より食欲が落ちたみたい
5. きょどうふしんなときがある

♡恋愛心理テスト

診断041 カレに好きな子はいる？

わかるのは…

ハルト…
気になる子が
いるんだ

チェック数が4コ以上…
好きな子がいる可能性が高いよ。

チェック数が2～3コ…
気になる女子がいるみたい。

チェック数が1コ以下…
気になる子はまだいないみたい。

テスト042 カレの給食・お弁当の食べ方は？

- **A** 食べるのが速くて完食！
- **B** 姿勢よく、食べ方がきれい
- **C** ゆっくり味わって食べている
- **D** 好きキライがあり、残すことも

カレが好きなタイプ
わかるのは…

♡恋愛心理テスト

A ハキハキした ボーイッシュな タイプ

B 育ちがよさそうな おじょうさま タイプ

C センスがあって オシャレな女子

D 清潔感がある 優等生タイプ

©…私オシャレ好きだけど…

テスト 043 カレにタオルをわたしたときの反応は？

A まぶしそうな顔で あなたを見る

B 「サンキュ」と言って 顔をふく

C タオルを使わずに 服で顔をふく

気になるカレのことをテストしよう

テスト 044 休み時間のカレは?

好きな男の子を観察して答えてね。カレは休み時間を、どのように過ごしているかしら?

♡恋愛心理テスト

A 友だちとふざけている

B 本を読んだり勉強したり

C なぜか姿が見えない

D いつもだれかに囲まれている

このテストの診断は58ページだよ

55

診断044 わかるのは… カレのかくれた魅力

A さみしがり屋の あまえじょうず

にぎやかそうに見えて、さみしがり屋みたい。カレのウラの顔はあまえんぼ。しかも、あまえ方がじょうずで、思わず"萌え♥"となりそう。2人きりになると「ねーねー、手つないでいい?」なんて、かわいく接近してきそう!

B 野望を秘めた リーダータイプ

一ぴきオオカミでちょっと消極的に見えるカレ。じつは大きな野望を秘めた人物だよ。将来は政治家や社長を目指しているかも!? じしんなど、とつぜんのトラブルのときに、別人みたいにリーダーシップを発揮しそう!

C 器用な アーティストタイプ

気がつくといなくなっている、不思議なカレ。ウラの顔は独特なセンスを持ったアーティストタイプ。こっそりとまんがを描いていたり、ミュージシャンを目指して楽器の練習をしているのかも!? 一芸にひいでているのが魅力だよ。

D やさしい 思いやり男子

人気者のカレは、じつは空気を読むのが得意な気配りの人。ウラではみんなに愛される努力をしているみたい。そんなカレのかくれた魅力は、やさしい思いやり。細かいところをちゃんと見ていてホメてくれそう!

診断045 わかるのは… カレの恋愛パターン

A 青春ドラマのような恋愛
最初は反発し合っているけど、どんどんひかれて……の王道パターン。

B カジュアルな恋
仲のいい友だち同士からスタートして次第に恋心が……のパターン。

C ロマンチックな恋
恋愛小説のように、出会ったときからあなたに一目ぼれ……のパターン。

診断046 わかるのは… カレのモテ度

A モテ度 90%
みんながカレのことを素敵だと思っている、学校のアイドル。超モテモテタイプ。

B モテ度 70%
カレの魅力に気づいているのは私だけ……は大まちがい。じつはかなりモテるよ。

C モテ度 50%
そんなに目立つタイプじゃないけど、話しているうちに好意を持たれるタイプ。

診断047 わかるのは… カレが女の子にひかれるしゅんかん

A かわいいしゅんかん
かわいく魅力的な姿を見たとき。クラブ活動や学校行事でかつやくする子に？

B ギャップ萌え
いつもとちがう顔を見たとき。学校以外で女の子を見かけたときなどにドキッ!

C 女神のようなやさしさ
友だちや小さい子にやさしくしているのを見たとき。思いやりに弱いみたい。

恋愛心理テスト

診断 048 わかるのは… カレと相性がいい子

A 天然系ドジッ子タイプ

何に対してもしんけんに取り組むカレ。いつもいっしょうけんめいだから、ときどきストレスがたまりそう。そんなカレと相性がいいのは、ほわんとした天然タイプのドジッ子ちゃん。力のぬけた発言や笑える行動が、カレをいい感じにリフレッシュさせそう。

B 知的でクールなタイプ

好奇心が強く観察力があるカレ。自由でこだわりのある人みたい。こんなカレと相性◎なのは、頭がよくてクールな女の子。オリジナルなセンスを持っている者同士、だまっていてもわかり合えそう。個性的なカップルになるよ!

C 大人っぽいお姉さんタイプ

元気だけど、ちょっと子どもっぽいところがあるカレと相性バッチリなのは、大人っぽくてほうよう力のあるお姉さんタイプの女の子。カレのスタンドプレーを「ダメよ」とやさしくたしなめたりして、お似合いのカップルになりそう。

D 活発で好奇心おうせいなタイプ

好きなことにはとことん打ちこむカレ。ちょっとオタク気質を持っているみたい。こんなカレと相性バッチリなのは、活発で好奇心おうせいな女の子。カレの熱いトークを楽しそうに聞き、自分の好きなことも話す理想のカップルだね。

登校とちゅうのカレが あなたを見たら？

朝、登校中に好きな男の子に会ったら……カレなら、あなたを見てどんな反応をするかしら？

- **A** ふつうに あいさつ
- **B** うれしそうに 「おはよ！」
- **C** 「おうっ」と 軽い感じ

♡恋愛心理テスト

 ## カレがバンドを組むなら？

好きな男の子がバンドを組むとしたら、どのパートがぴったりだと思う？

- **A** ボーカル
- **B** ギター
- **C** ドラム

 ## カレがプレゼントを用意するなら？

あなたの好きな男の子が、プレゼントを持っているよ。次のどっちが、カレっぽい？

- **A** 両手に花たばを持っている
- **B** 箱を後ろにかくして持っている

 ## カレになじみの色は？

好きな男の子がふだん着ている服や、バッグやくつなど身につけているもの、持っているものなどは、次の3色のうち、何色のものが一番多い？

- **A** ブラウン系
- **B** ブルー系
- **C** グリーン系

 このテストの診断は64ページだよ

診断049 わかるのは… カレの恋愛への本気度

- Ⓐ **本気度 50%** …今はふつうレベル。これからに期待だね。
- Ⓑ **本気度 100%** …カレは恋に夢中。恋人と楽しい時間を過ごしたいみたい。
- Ⓒ **本気度 30%** …今はほかにやりたいことがあるんだね。

診断050 わかるのは… カレの恋愛リーダーシップ度

- Ⓐ **リーダーシップ度 30%** …みんなの支えがあってかがやくタイプだよ。
- Ⓑ **リーダーシップ度 50%** …1人で何でもできちゃうし、1人でするのが好きなタイプ。
- Ⓒ **リーダーシップ度 80%** …全体を見わたして、みんなを引っ張っていけるリーダータイプ。

診断051 わかるのは… カレのロマンチック度

- Ⓐ **高め** …ふつうの男の子がテレて、できないことでも、カレならできちゃいそう。
- Ⓑ **低め** …はずかしがり屋のカレは、告白の言葉もぶっきらぼうかもしれないけど、かえってそれがかわいいかも!?

診断052 わかるのは… カレのメンクイ度

- Ⓐ **低め** …茶色は、占星術で土星を表す色で、落ち着きを表すよ。カレのメンクイ度は低め。
- Ⓑ **ふつう** …青色は水星を表す色で明るいイメージ。顔より、話をしていて楽しい子のほうが好きみたい。
- Ⓒ **超メンクイ** …緑色は、美の神ヴィーナスを表す色だよ。はっきり言って、カレは超メンクイ!

テスト053 カレに合いそうな番号は?

好きな男の子が、クラブ活動や勉強の大会など、得意なことの試合やコンテストに出ることになったよ。番号は何番がいいと思う?

- **A** 1番
- **B** 3番
- **C** 5番

テスト054 カレの指のつめは?

好きな男の子の指を見てみて。つめはどうなっている?

- **A** キレイに切りそろえてある
- **B** ちょっとのびている
- **C** だいぶのびている

テスト055 王子さまはどこにいる?

あなたはおひめさまで、好きな男の子は王子さま。あなたは今カレがいるお城に向かっているよ。カレだったら、お城のどこにいると思う?

- **A** バルコニー
- **B** かぎのついた秘密部屋
- **C** 大広間

テスト056 カレが見せたかったものは?

好きな男の子の家に、遊びに行ったと考えてみて。カレは、あなたに見せたかったものがあるみたい。それは次のうち、何だと思う?

- **A** あなたが好きなアーティストのサイン
- **B** かわいいウサギ
- **C** 熱帯魚の泳ぐ水そう

このテストの診断は66ページだよ

♡恋愛心理テスト

診断053 カレの浮気度

A 浮気度30%
数字の1は「決断」を表す数。いったんつき合うと決めた相手とは、長〜く交際しそう。

B 浮気度60%
数字の3は「開放」を表す数字。来るものこばまずの意味があるから積極的にアタックされると、浮気しちゃうかも?

C 浮気度80%
数字の5は「変化」を表すよ。あきっぽくて、新しいものを求めるカレの浮気度は超高め。

診断054 カレのつくし度

A 高め
マメなカレは、あなたの喜ぶ顔が見たくて、いつもすごくガンバってくれそう。

B 平均レベル
いつもはふつう程度だけど、困ったときはたよりになるタイプ。

C 低め
周囲にあまり気をつかわないカレは、あなたにつくしてほしいのかも!?

診断055 カレのそくばく度

A そくばく度90%以上…見晴らしのいいバルコニーにいたカレは、あなたを見張っていたい気持ちがあるみたい。

B そくばく度50%以上…だれにもあなたをわたしたくないみたい。"今何してるの?"なんて確認メールも多そう。

C そくばく度50%以下…広い場所にいるカレはあけっぴろげな性格。あなたを大切に思う気持ちと、そくばくは別みたい。

診断056 カレのエッチ度

A 低め
生きものじゃないモノを見せたカレのエッチ度は低め。女の子をイヤラシイ目で見ることもなさそう。

B ふつうレベル
ウサギは愛情を表す動物。興味がないわけじゃないけど、カレのエッチ度は通常レベル。

C 高め
水に関係する生きものは性のしょうちょう。カレのエッチ度はかなり高め。頭の中は人に言えない、妄想だらけかも!?

テスト057 カレのくせやしぐさは?

好きな男の子を観察して答えてね。カレのくせや、よくやるしぐさはどんなもの?

♡恋愛心理テスト

A 大きくあしを開いてイスに座る

B ビンボーゆすり

C 両手を組む

D 首を回す

このテストの診断は68ページだよ

Ⓐ みんなの前でホメる

あしを大きく開いて座る人は自己けんじ欲が強い人。いつも"みんなに注目されたい!"と思っているよ。カレを喜ばせるには「サッカー強いよね」など、カレの得意なことをみんなの前でホメることだよ。

Ⓑ あまいものをあげる

ビンボーゆすりは「欲求不満」の表れ。カレを喜ばせたいならセクシーな格好をして……というのはジョーダンで、あまいものがカレの心を満たす特効薬に。カレにチョコやおかしをあげたら感激されそう。

Ⓒ 軽くボディタッチ

両手を組むのは、きんちょうしたり、けいかいしているシルシ。そんなときは「だいじょうぶだよ」と心の中で思いながら、カレのかたや背中のあたりにそっとタッチしてみて。人の手はいやしの効果◎。カレも喜びそう!

Ⓓ 楽しそうな情報を教える

首を回すのは、たいくつしているしょうこ。おもしろいことはないかなと、いつも探しているみたい。カレを喜ばせたいなら、新しいゲームのことや、人気スポットの話題など、楽しそうな情報を教えてあげるのがイチバン。

テスト058 カレが遊園地で気に入ったものは?

好きな子との遊園地デートを妄想してみて。帰り道に「アレがよかったね」とカレが言ったのは何?

- **A** メリーゴーランド
- **B** 観覧車
- **C** ジェットコースター
- **D** ホラーハウス

恋愛心理テスト

テスト059 カレが引き受ける委員会は?

学校の委員会活動。好きな子が引き受けるとしたら、次のどの委員会?

- **A** 運営委員会
- **B** 図書委員会
- **C** 放送委員会
- **D** 体育委員会

このテストの診断は70ページだよ

診断058 カレがぐっとくるしぐさ

Ⓐ 上目づかい
カレを見ながら上目づかいに「お願い!」と何かをたのんでみて。かわいい表情に、カレもイチコロ!

Ⓑ かみをかき上げる
カレの視線を感じたとき、何気なくかみをかき上げてみよう。大人っぽいしぐさに、カレはドッキ〜ン!

Ⓒ ハイタッチ
何かがうまく決まったときに、「やったね!」とハイタッチのしぐさを。思わずカレもハイタッチして、一気に心が通いそう。

Ⓓ ほおづえをつく
ほおづえをついて、遠くを見るようなしぐさ。神秘的で夢見るようなふんいきに、カレはグッとあなたにひかれそう。

診断059 カレが言われてうれしい言葉

Ⓐ ルックスをほめる
人望が求められる運営委員を引き受けるカレは、ゆうしゅうでホメられ慣れているよ。「あし、長いね」「シュッとした顔をしてるね」など、頭でなくルックスをほめればごきげんだよ!

Ⓑ 知識に感心する
おとなしそうで知的な子が集まる図書委員をしそうなカレ。「○○くんて、何でもよく知ってるね!」と感心してみせて。顔に出なくても、心でVサインをしているハズ!

Ⓒ ユーモアセンスをほめる
お笑い好きが集まりがちな放送委員。「この前のトーク、めっちゃウケた!」と笑ってみせるのが、一番うれしいみたい。

Ⓓ ストレートにほめる
かくれナルシストが多い体育委員。「走るの速いよね!」とか「○○君ってカッコイイ!」と、ストレートにほめると◎!

テスト060 りゅうぐう城に持って行くものは？

カメに連れられて、りゅうぐう城にレッツゴー！ あなたなら、何を持って行く？

- Ⓐ 魚類図鑑
- Ⓑ おとひめさまへのプレゼント
- Ⓒ 自分の好きなおかし

♡恋愛心理テスト

テスト061 電車が動かなかったら、カレはどうする？

待ち合わせ場所に行くために電車に乗りたいのに、事故で電車の運行が止まっちゃったよ。あなたの好きな子なら、どうすると思う？

- Ⓐ 電車が動き始めるまで駅で待つ
- Ⓑ バスを利用する
- Ⓒ 親に車で送ってもらう

このテストの診断は72ページだよ

参照060 わかるのは… グループ交際でカレにアピールする方法

A リサーチ役
りゅうぐう城ではたくさんの魚との社交&交流が待っているハズ……と考えたあなたは、準備ばんたん、いろいろとリサーチをして、役立つところをアピールすると○！

B 盛り上げ役
海の中では手に入らないものを、おとひめさまに持って行けば喜ばれるハズ……と考えたあなたは、イベントをきかくし、盛り上げ役をねらえばグループ内でイイ位置に！

C ドジっ子ポジション
単純に好きなおかしがないと困る……と考えたあなたは、ちょっとドジでカワイイところをアピールして、みんなのマスコット的存在に。

参照061 わかるのは… カレとキョリを縮める方法

A なやみごとを相談する
冷静でマジメなカレには、なやみ相談をしてみよう。"大事なことを打ち明けてくれた"ってことで、あなたへの親近感が高まるはず。

B 共通の話題・趣味を増やす
フットワークがいいカレとは、共通の話題を増やして。趣味やセンスが似ていることをアピールすれば、"気が合うな"と思ってもらえるよ！

C カレの世話を焼く
少し他力本願なところがあるカレには、世話焼き作戦が効果的。忘れものを貸してあげたり、宿題を教えてあげたりすれば、キョリがグンと縮まるよ！

テスト062 カレと自分の間にあるドアは？

好きな子が、ドアの向こうの部屋にいるよ。どんなドアだと思う？

- Ⓐ 木目が美しいドア
- Ⓑ アンティークな金属製のドア
- Ⓒ 大きなガラスのドア
- Ⓓ 日本のふすま

♡恋愛心理テスト

テスト063 小さな女の子へのカレの態度は？

小さな女の子がトコトコ歩いてきて、あなたの好きな子に「キスして！」と言ったよ。カレなら、どうする？

- Ⓐ ほっぺにチュ！
- Ⓑ 手のこうにチュ！
- Ⓒ だき上げて高い高い

このテストの診断は74ページだよ

診断062 カレの気を引くメール

A 長所をほめるメール
自分のイイところを見つけてほめてくれる人を、きらう人はいないよ。カレの長所をほめて、「○○なところが素敵」と書いてあげて。

B 感謝を伝えるメール
カレはたよられると、うれしいタイプ。「○○してくれてありがとう」「○○してくれてとてもうれしかった」など、ありがとうメールが効果あり!

C 質問をするメール
頭がよくて多才なカレは、自分に興味を持ってくれる人に好感を持つよ。「○○って何?」「趣味について教えて」などの質問メールがおすすめ。

D 力づけるメール
カレははげましに弱いよ。「おつかれさま」「がんばってるね」といたわり、力づけるメールを出すと、カレはその子を好きになりそう。

診断063 カレの気を引くLINEスタンプ

A かわいいスタンプ
素直で少し女の子慣れしてるカレには、愛らしい動物キャラやマスコット系スタンプがイチオシ。女の子らしさを前面に出すことで"かわいいな"と好感を持ってもらえそう!

B ユニークなスタンプ
シャレのわかる遊び心のあるカレには、笑えるLINEがおすすめ。オチがあったり、ウケる絵がらなどで、あなたがおもしろい子だってことをアピールして。興味を持ってもらえるよ。

C ちょっと変わったスタンプ
カレは変化球が好きみたい。音が出るモノや昔流行った知る人ぞ知るマンガキャラなど、変わったスタンプがツボみたい。"こんなLINE送る子、いいなあ!"って好評だよ。

テスト064 卒業式のカレは？

先生が、卒業式では何を着てもいいと言ったよ。あなたの好きな男の子だったら、どんなかっこうで来そう？

Ⓐ スーツ

Ⓑ ヒップホップ系ストリートファッション

Ⓒ 人気マンガのコスプレ

Ⓓ ふだん着

❤恋愛心理テスト

このテストの診断は76ページだよ

064 わかるのは… カレへのプレゼント作戦

A 文ぼう具を上品にラッピング

正当派のカレには、プレゼントの王道・文ぼう具がおすすめだよ。ノート、手帳、ペンケース、ボールペンなどが喜ばれそう。ラッピングは上品な感じの紙ぶくろ&シールがベスト。

B インテリアグッズをセンスよく

こだわり派のカレには、フォトフレームやおしゃれな目覚まし時計など、インテリアグッズがおすすめ。ラッピングはセンスのいいペーパーに、タグやリボンで差をつけて。

C スポーツ小物を派手めにラッピング

目立ちたがり屋で勇気があるカレには、スポーツタオルやTシャツ、リストバンドなどの体育会系のプレゼントがピッタリ! ラッピングは派手めに、手書きのカードもお忘れなく。

D 日用品をシンプルにラッピング

気取らないカジュアル派のカレには、毎日使えるパスケースや財布、マグカップなどが喜ばれそう。ラッピングはアッサリしたシンプルなものがカレの好み。

テスト065 カレのイメージは？

好きな男の子のことを思い浮かべて答えてね。カレからイメージする大陸は何？

❤恋愛心理テスト

A ヨーロッパ大陸

B アメリカ大陸

C オーストラリア大陸

D アフリカ大陸

このテストの診断は78ページだよ

診断065 わかるのは… カレとのデートファッション

A ガーリーでキュート

カレの好みは女の子っぽくてかわいいファッション。ふわっとしたスカートや、レースやフリルを使ったロマンチックな装いで胸キュンさせて。

B 元気＋セクシー

カレは元気とセクシーが混ざったファッションが好み。キャップにショートパンツやミニスカなど、ちょいギャル風の装いでカレをワクワクさせよう！

C ナチュラル

カレはナチュラルなファッションの女の子が好きみたい。スクールガール風のかっこうで待ち合わせをすれば、好印象ゲットはまちがいなし！

D 個性＋インパクト

個性的でインパクトのあるファッションがカレの好み。ヒップホップっぽいかっこうや革ジャンにブーツなど、ロックテイストの服がおすすめ！

テスト066 天使のカレの羽は？

好きな子が、素敵な天使になってあなたの目の前に現れたよ！
天使になったカレの羽は、どんな羽？

Ⓐ 白鳥のような
　美しい鳥の羽

Ⓑ とうめいな
　光の羽

Ⓒ ワシのような
　強いつばさ

♡恋愛心理テスト

テスト067 写生の授業でのカレの態度は？

美術の授業で、モデルを前に写生をおこなったよ。好きな子の授業態度は、どうだった？

Ⓐ ポーズに
　注文をつけたり、
　積極的

Ⓑ 絵を描くことに
　集中している

Ⓒ 私語やよそ見が
　多い

このテストの診断は80ページだよ

診断066 わかるのは… カレがグッとくる告白のパターン

Ⓐ 手紙で告白
手紙に素直なあなたの気持ちを書いて、わたして。何度でも書き直せるし、カレのどんなところにひかれるかなど、キチンと気持ちを伝えられて、カレも感動しそう!

Ⓑ サラッと告白
放課後、いっしょに何かの仕事をしているとき、並んで帰っているときなど、何気ない感じでサラッと告白して。おどろくカレの顔が笑顔に変わりそう!

Ⓒ しんけんに告白
堂々と直球勝負!が、カレの心のトビラを開くよ。カレを呼び出して、ハッキリとしんけんな気持ちを口に出して。まっすぐな想いがカレに通じそう!

診断067 わかるのは… カレがクラッとくる告白の言葉

Ⓐ「初めて会ったときから ずっと好きだったの」
前向き&積極的なカレには、直球系の告白がベストみたい。

Ⓑ「私のこと、好きになってもいいんだよ?」
まじめでちょっと内気なカレは、こんな言葉にクラッとくるタイプ。

Ⓒ「○○くんとつき合えたら 楽しいだろうなあ〜」
少し落ち着きがないやんちゃなカレには、ちょっと思わせぶりな言葉で!

テスト068 カレの口グセは？

好きな男の子を観察して答えてね。カレの口ぐせは何？

♡恋愛心理テスト

A「ウケる」「べつに」

B「マジで?」「スゲーっ!」

C「っていうか」「絶対」

D「まあ」「なんか」

このテストの診断は82ページだよ

81

診断 068 わかるのは… ケンカしたときのカレ

A おこると投げやりに

ケンカの原因が自分にあったとしても、なかなか謝ってこないタイプ。交際そのものを「めんどくせー！」と思う可能性もあるので、あなたからキゲンを取ったほうがよさそう。

B 前向きで根に持たない

ケンカの翌日には「ついムカついちゃって悪かったな」などと素直に謝ってきそう。あなたに原因があったとしても、カレのほうから仲直りしてこようとするはず。

C 感情的で負けずギライ

おこりっぽいところがあるカレは、ケンカになると「お前が悪いじゃん！」なんて相手を責めそう。いかりをばくはつさせたあとで「言いすぎた」と反省することも多いみたい。

D 気が弱くてすぐにあやまる

きらわれたくない気持ちが強くて、空気が悪くなった段階で「ごめん、気にさわった？」なんて謝ってきそう。でも、心の中ではけっこうモヤモヤしているかも？

モンスターはだれ？

あなたの周りの身近な人を思い浮かべて。それぞれのモンスターから想像する男の子の名前を答えてね。

恋愛心理テスト

Ⓐ フランケンシュタイン
Ⓑ オオカミ男
Ⓒ ミイラ男
Ⓓ 吸血鬼
Ⓔ デビル

このテストの診断は84ページだよ

わかるのは… 男の子の印象

A やさしく無害
人造人間のフランケンシュタイン。カレの印象は"無器用だけどやさしそう"。セクシー度はゼロだから安心して話せる相手かも!?

B 中身はいいヤツ
変身するモンスター、オオカミ男。カレはマッチョで一見こわそうだけど、いいヤツだと思っているよ。悪気のない感じが◎。

C 理解不能
包帯で巻かれたミイラ男は"理解不能"を表すよ。何を考えているか、よくわからない人がカレ。ちょっと不気味だけど、なんとなく気になる存在。

D 危険な存在？
美女の血をすする吸血鬼はセクシーな存在。あなたにとってカレは危険なかおりがする男子。さそわれたら断れないかも!?

E あこがれの人
頭がよさそうで特別感のあるデビル。あなたにとってカレは、あこがれの人。仲良くなりたいけど、話すだけでドキドキしそう。

テスト070 いっしょにスポーツをしたい子は？

あなたの周りの身近な子を思い浮かべて。それぞれのスポーツをいっしょにやってみたい男の子の名前を答えてね。

Ⓐ 乗馬（1人乗り×2）
Ⓑ ボルダリング
Ⓒ カナディアンカヌー（2人乗り）
Ⓓ テニス
Ⓔ スキューバダイビング

♡恋愛心理テスト

このテストの診断は86ページだよ

070 男の子との理想の関係

A ライバル関係
おたがい別の馬に乗る乗馬が表すのは"ライバル"。「カレには負けたくない!」と思うことってない? 相手の存在がしげきになって、もっとがんばろうと思える関係だよ。

B 友人関係
ルートを考えながら登るボルダリングが表すのは"協力"。カレとは気楽におしゃべりをしたり、勉強を教え合ったり支え合う友人関係がベスト。相談相手にもピッタリだよ。

C 結婚相手
2人で同じ方向を見て進んでいく 2人乗りのカヌーは結婚のしょうちょう。あなたは何気なくカレの名前を言ったかもしれないけれど、カレこそがあなたの未来の結婚相手かも!?

D 恋人関係
1つのボールを打ち合うテニスが表すのは恋。カレとはいっしょにいてトキメキがあるし、笑いのツボや興味のある分野も似ているかも!? いい恋人同士になれそうだよ。

E 秘密の関係
海の中をもぐるスキューバダイビングが表すのは"秘密の関係"。恋人がいるのにこっそりとデートしたり、意味深な仲になったりしそう。カレとのベストな関係は浮気相手!?

テスト071 男の子のあなたへの態度は?

あなたの周りの男の子の態度をチェックしてみよう。いくつ思い当たるかしら? 何人でもテストしてみよう。

♡恋愛心理テスト

1. よく目が合う
2. よく声をかけてくる
3. ふざけたり、からかったりしてくる
4. 落ちこんでいたら、はげましてくれた
5. 係の仕事を手伝ってくれたことがある

6. 「どう思う?」とあなたに意見を聞いてくる
7. 「だれにも言うなよ」と秘密を打ち明けられた

8. 「好きなヤツいる?」と聞かれたことがある
9. かみ型を変えたら気づいてくれた
10. 「ほかの子とはちがうからな」と言われたことがある

このテストの診断は88ページだよ

診断071 わかるのは… あなたを好き？ 好きじゃない？

A 8コ以上…大好き

カレはあなたにゾッコン！　あなたのことが大好きでたまらないみたい。あなたがほかの男子と楽しそうにしていると、カレはしっとでイライラ……。今、カレはあなたに告白するタイミングをはかっているところだよ。愛のXデーを、楽しみにしていて！

B 5〜7コ…興味あり

カレはあなたに興味シンシン。"いい子だな""好きになったかも!?"と思っているみたい。両想いまであと少し。もしカレとつき合ってもいいと思うなら、あなたから「映画行かない？」などとさそってみて。喜んでOKしてくれてデート成立だよ！

C 2〜4コ…少し気になる

カレはあなたのことが少〜し気になっている様子。ただ、ほかにも好感を持っている女の子がいるかも。これからカレがあなたをもっと好きになり、いずれ恋人候補として見るかどうかはあなた次第。今まで以上に感じよくカレに接すれば、きっといいムードになるよ。

D 1コ以下…今は意識していない

カレはあなたのことをとくに意識していないみたい。今のところたくさんいる女の子の知り合いの中の1人って感じだね。カレに好かれたいと思うなら、相手がどんなタイプにひかれるか、リサーチして女子力をみがいてみよう。がんばれ！

診断 072 私って、何キャラ？

- Ⓐ マジメな優等生キャラ
- Ⓑ やさしい、いやしキャラ
- Ⓒ 楽しいギャルキャラ

私は Ⓑ
もっともーっと
カレをいやそう♥

コホン

はい はい はい
次いくよー

自分心理テスト

テスト 073 秋の森でカゴをわたされたよ。何をとってくる？

- Ⓐ 栗
- Ⓑ きのこ
- Ⓒ 山ブドウ

診断073 本当のあなた

- Ⓐ 意志が強いがんばり屋さん
- Ⓑ せんさいで細やかな気配り屋さん
- Ⓒ ポジティブでお気楽な子

私はⒶがんばり屋さんかぁー

じゃ このテストはどう?

テスト074 湖にボートが浮かんでいるよ。何色に乗りたい?

- Ⓐ グリーン
- Ⓑ ピンク
- Ⓒ イエロー

私はⒸイエロー

診断074 あなたが大事にしているもの

自分心理テスト

Ⓐ 将来の夢が一番大事みたい

Ⓑ 大事なのは恋心。恋愛一筋!

Ⓒ 友情。仲間が宝物なのかも!?

そういえば最近話が合わなくて

友情…

恋にばっかりのめりこんでると宝物をなくしちゃうかも

続くテストであなた自身の心理をチェックしよう!

テスト075 落とした**リンゴ**あめは？

お祭りで、リンゴあめを落としちゃったよ……。そのとき、どのくらい食べていた？

- **A** ひと口かじっただけ
- **B** 半分くらい
- **C** ほとんど食べ終わっていた

テスト076 リンゴあめを落としたわけは？

リンゴあめを落としたのは、どうして？

- **A** 知らない人がぶつかってきた
- **B** 友だちとはしゃいでいて
- **C** 花火に見とれていて

このテストの診断は97ページだよ

テスト077 リンゴあめを落としたあとの展開は？

リンゴあめを落としてしまい、くやしいあなた。そのあと、どうなった？

A 気を取り直して花火を見た
B カラオケに行った
C ジョーダンを言って笑った

自分心理テスト

このテストの診断は98ページだよ

テスト078 赤がラッキーカラーなら？

うらない師に「赤がラッキー！」と言われたら、赤い何を身につける？

Ⓐ ぼうし　　Ⓑ バッグ　　Ⓒ 下着　　Ⓓ ミサンガ

このテストの診断は98ページだよ

診断075 わかるのは… あなたのプラス面

A 決断力
思いついたらすぐに実行できるのがあなたのすごいところ。グズグズ迷わないのがじまんだね!

B 発想力
だれも思いつかないようなことを考えついて、みんなをビックリさせそう。アイデアなら任せろって感じ!

C 切りかえの早さ
ころんでもタダじゃ起きないところがあなたのじまん。立ち直りが早いし、負けん気が強いみたいだね。

診断076 わかるのは… あなたのマイナス面

A 人のせいにしがち
うまくいかないと、だれかのせいにするけいこうがあるよ。自分でも思い当たること、ない?

B 人任せにしがち
めんどうなことを人任せにすることがあるよ。自分でも無責任かも!?…と反省したりするよね。

C おこりっぽい
ちょっとおこりっぽいところがあるみたい。自分でもブレーキをかけたくなるとき、あるんじゃない?

♣ 自分心理テスト

診断077 わかるのは… あなたのチャームポイント

A 表情のある目
あなたの目には会う人の心を動かす力がありそう。あなたの目を見たらみんな、何とかしてあげたいって思うかも!?

B 声
あなたのかわいくて楽しそうな声を聞いたらテンションが上がる……って人も多いのでは？　説得力のある話し方もできそう。

C 笑顔
すてきな笑顔は周りの人を幸せにするよね！　幸せオーラいっぱいの笑顔のあなたは、いつもたくさんの友だちに囲まれていそう。

診断078 わかるのは… あなたが求めているもの

A 成績アップ
頭脳を表す頭にかぶるぼうしを選んだあなた。今一番求めているのは学校での成績アップ! トップクラスに入るといいね!

B お金
財布が入るバッグはお金を表すよ。今一番求めているものはお金みたい。ひょっとして、何か買いたいものがあるのかな？

C 恋愛
下着はドキドキする恋を表すアイテム。今一番求めているのは恋愛。素敵なカレが欲しいみたい。

D 友情
ミサンガはしんらいを表すアイテム。今一番求めているのは友情。心を許せる友だちがいるといいね!

テスト079 白雪ひめが目覚めたときは？

あなたは目覚めたばかりの白雪ひめ。王子さまが目の前にいてビックリ！　でも、今のってファーストキスだよね!?　あなたの頭に浮かんだ言葉は？

- **A** 本物の王子さま？だったら許す！
- **B** ちょっと何してんのよ！
- **C** イケメンだから、まぁいっか

自分心理テスト

テスト080 DVDが借り放題だったら？

開店記念のレンタルビデオ屋さんで、DVDが借り放題になっているよ。借りられる期間は一週間だけど、どうしよう？

- **A** 気になったものを片っぱしから借りる
- **B** 話題の新作を中心に借りる
- **C** 前から見たかったものを借りる

このテストの診断は102ページだよ

テスト 081 どっちを選ぶ？

あてはまるほうを選んで、矢印に沿って進んでね。

スタート！

1 イケメンが2人いるよ。しょうかいしてもらうなら？
ゆうしゅうな子 ⇒ **2** へ
楽しい子 ⇒ **3** へ

2 デートに着たい服が少しキツめ。あなたは？
ヤセる ⇒ **4** へ
別の服にする ⇒ **5** へ

3 博物館に行きたいカレと遊園地がいいあなた。結果は？
博物館デート ⇒ **5** へ
遊園地デート ⇒ **6** へ

5 恋人と同じくらい友だちも大事にしたい
Yes ⇒ **8** へ
No ⇒ **9** へ

6 行きたいイベントは1人でも行く？
Yes ⇒ **10** へ
No ⇒ **9** へ

このテストの診断は103ページだよ

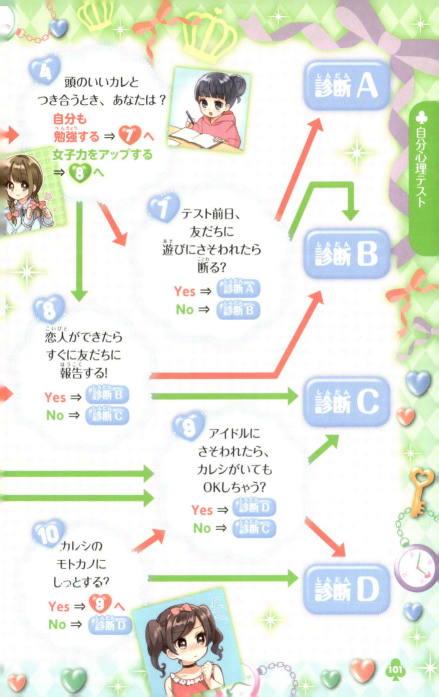

診断 079 わかるのは… 物事の判断基準

Ⓐ みんなの意見・顔色
判断基準は周りのみんながどう思っているか。「これ、みんなに人気なの?」「これをしたらほめてくれる?」というタイプ。

Ⓑ 自分の好ききらい
自分の好ききらいで判断するタイプ。性格がハッキリしているし、周りに合わせようとは思わないから、何かを決めるのは早そう。

Ⓒ ノリや直感
その場のノリ、直感で判断するタイプ。たまに、その判断がハズれることもあるけど、よ～く考えた末の決断よりも当たりそう!

診断 080 わかるのは… お金の使い方

Ⓐ ノープラン
欲しいものがあれば、後先考えずに使っちゃうタイプ。おこづかいはいつも足りないから、しょっちゅうおねだりしていそうだね。

Ⓑ メリハリのある使い方
いつもは節約していても、使うときは使う一点ごうか主義。ちゅうとはんぱなものより、みんなにじまんできるものを買いたいみたい。

Ⓒ 計画的
計画的にお金を使うタイプ。やりくりするのが好きで節約も好き。貯金も好きなので、使うお金の額はちゃんと決めていそうだね。

A 目標優先

あなたは人生に大きな目標を持っている人。夢をかなえるためなら友だちと遊ぶ時間をけずることも仕方がないし、コツコツと努力するべきだと思っているみたい。あなたの人生で大切なことは目標を達成することなんだね。

B 友情優先

あなたは友だちを大切にしたい人。しんらいできる仲間がいればハッピーだし、友だちの数が多いほど楽しいと思っているみたい。そんなあなたは、恋よりも成績よりも友情を優先するタイプ。人生の優先順位は友だちでキ・マ・リ！

C 恋愛優先

あなたは恋愛至上主義者。恋をすればカレシが一番大切だし、2人の思い出をつくり、愛を育てるためには時間も手間もおしまないかくごがあるみたい。あなたの人生の優先順位でダントツ1位なのは恋人＆2人で過ごす時間！それはゆらがないよ。

D 楽しいこと優先

あなたにとっての最優先順位は、毎日を楽しく暮らすこと。未来のために今をぎせいにする気はないので、難しい学校をムリして受けたり、友だちや恋人につくしすぎる心配はないはず。心地よくなれる場所や人を見つけに行こう！

テスト082 大量のワサビが入っていたおすしは？

ランチセットのおすしに、大量のわさびが入っていたよ！ それは、どのおすし？

- Ⓐ まぐろ
- Ⓑ たこ
- Ⓒ ネギトロ巻き

テスト083 美術館で見た絵は？

美術館に行ったあなた。とても印象的な絵が頭からはなれないみたい。あなたが見た絵は、次のうち、どっちの絵？

- Ⓐ 青い部分が池で周りが陸
- Ⓑ 青い部分が島で周りが海

テスト084 折れている色えんぴつは？

折れてしまっている色えんぴつが、1本だけあったよ。何色かな？

- Ⓐ グレー
- Ⓑ オレンジ
- Ⓒ ブルー

このテストの診断は106ページだよ

じゅうたいの原因は？

大切な用事があって、バスに乗って出かけたよ。でも、思いがけないじゅうたいに巻きこまれちゃった。じゅうたいの原因は何？

- Ⓐ 信号機の故障
- Ⓑ 事故が起きた
- Ⓒ 道路工事

自分心理テスト

お出かけの予定の日が雨なら？

明日は、楽しみにしていたみんなとのお出かけ。でも、天気予報では大雨の予報が出ているよ。あなたなら、どうする？

- Ⓐ 雨でも楽しめるプランを練り直す
- Ⓑ みんなからのれんらくを待つ
- Ⓒ 行くのをやめる

このテストの診断は107ページだよ

診断 082 わかるのは… あなたの弱点

A プレッシャーに弱い
「時間がない」とか、「期待してるよ」と言われると、きんちょうして実力が出せないかも。リラックスしよう!

B ゆうわくに弱い
意志がちょっと弱くて、ゆうわくに負けがち。ダイエット中のおかし、テスト期間中の遊びのさそいには気をつけて。

C たのまれると断れない
ムリだとわかっていても、たのまれるとついOKしてトラブルを起こしがち。No!という練習をしよう!

診断 083 わかるのは… がんこタイプ？　流されタイプ？

A がんこタイプ
すご〜くがんこ。自分が正しくて周囲がまちがっていると思いがちなので注意。

B 流されタイプ
じゅうなんだけど、周りの友だちや家族の意見に流されがちな面があるよ。

診断 084 わかるのは… やりがちな失敗

A 確認不足でミス発生!
約束の日にちや時間をまちがえていたり、持ちもののプリントをちゃんと見ていなくて困ったりするのは、確認不足が原因だよ。大切なことは事前に確認して。

B あせってパニックに!
あせったり、あわててしまうことが多いよ。時間がなかったり、準備不足なのに急に指名されたりすると、軽くパニックになりそう。落ち着けばだいじょうぶ!

C ギリギリまでやらずにピンチ!
いやなことをつい、後回しにして、ギリギリまでやらないことがミスを招くよ。なまけているうちに大ピンチになることも。早めにやるクセをつけよう。

診断085 わかるのは… あなたが今解決したい問題

Ⓐ 勉強関係
あなたが今、解決したいのは学習面の問題。ニガテ教科のこくふく、受験、目の前のテストなど、勉強関係がなやみのタネ。

Ⓑ 友だち関係
あなたが今、解決したいのは友だちとのこと。グループでのポジションや苦手なタイプの子とのつきあい方など、友人関係が問題みたい。

Ⓒ 家族関係
解決したいのは家族のこと。両親との意見のちがいや、兄弟姉妹間のスレちがいなど、気になることがあるみたい。あせらずにね!

診断086 わかるのは… ピンチのときに取る行動

Ⓐ やる気に火がつく
追いこまれると、負けずぎらいの心に火がともるタイプ。がぜんやる気が出るみたい。ピンチをバネに、ねむっていた力が開花するかも!?

Ⓑ 友だちにたよる
ピンチになると友だちにたよるタイプ。スペックの高い友だちに相談するのもいいし、いつもの仲間と協力してトラブルを解決できればもっといいかも!?

Ⓒ にげる
ピンチになるとにげだすタイプかも!? にげてもいいけど、しばらくしたら勇気を出してちゃんと立ち向かおうね。

テスト087 熱のときに飲む薬は？

どうやら、ちょっと熱っぽいみたい……。お医者さんに行って、出してもらった薬は？

- Ⓐ じょう剤
- Ⓑ 粉
- Ⓒ シロップ

テスト088 迷うあなたに友だちは？

友だちとくつを買いにきたあなた。くつを前に迷っているあなたに、友だちは何と言った？

- Ⓐ そのくつ、高いね！
- Ⓑ デザイン、どうかな？
- Ⓒ サイズ、きつくない？

このテストの診断は110ページだよ

テスト089 キスしてほしいところは?

あなたがくちびる以外で、キスしてほしい場所はどこ?

- Ⓐ おでこ
- Ⓑ 鼻のあたま
- Ⓒ ほっぺ
- Ⓓ 手のこう

♣自分心理テスト

テスト090 どのくらい背がのびた?

朝起きたら、なんと身長がのびていたよ! どのくらいのびたか、手で示してみて。

テスト091 カレにしてほしいのは?

あなたが、好きなカレにしてほしいのは、どんなこと?

Ⓐ 頭なでなで

Ⓑ かべドン

Ⓒ 手つなぎ

Ⓓ おひめさまだっこ

このテストの診断は111ページだよ

診断 087 わかるのは… おすすめのダイエット法

A 間食を減らす
意志の強いあなたなら、おやつなしでもがんばれそう。でも、ガマンしすぎてドカ食いしないよう、少量ならOKの日を決めると◎。

B 友だちと運動をする
1人だと三日ぼうずになりそうだけど、友だちを巻きこんで運動するとイイネ。友だちといっしょなら続けられて、スッキリやせられそう。

C おふろで半身浴
入浴中に単語を覚えたり、本を読んだりすると、一石二鳥かも。しんちん代謝が高まって、おはだもキレイになるよ。

診断 088 わかるのは… あなたのコンプレックス

A 成績
あなたのコンプレックスは成績。勉強ができないわけじゃないのにフシギ。目標が高くて、上をねらいすぎているのかな?

B 見た目
あなたのコンプレックスはルックス。顔やスタイルがイケてないと思っているみたいだけど、みんなはそんなことないよ、って言いそう。

C 人間関係
あなたのコンプレックスは人間関係のこと。友だちが少ないとか、人見知りするとか思っていない? たぶん思いこみだよ!

診断089 わかるのは… 写真をとるときのキメ顔

A ぶりっこな表情…ひたいは、かわいさのしょうちょう。上目づかいのアヒル口などで、ブリッコな表情をつくるとバッチリ!

B キリッとすまし顔…鼻のあたまはプライドのしょうちょう。キリッとすましたクールな顔が、あなたのキメ顔になりそう!

C にっこり笑顔…ほおは、平和を表すところ。にっこりとくったくのない笑顔が、あなたのキメ顔になるよ。

D 自然で上品な表情…手のこうへのキスは、高貴さを表すよ。ちょっと視線を外して、遠くを見る品のある顔がイイネ!

診断090 わかるのは… あなたは目立ちたがり?

手を高く上げた人ほど、目立ちたがり度の高い人だよ。背のびしてまで手をのばしたあなたは、みんなから注目を浴びたい超目立ちたがり屋さん。頭に少しだけ手をかざした程度の人は、目立つのが苦手みたいね。

診断091 わかるのは… プリクラのキメポーズ

A ピースサイン…ひかえめなあなたは、いつものピースサインがおすすめ。定番だけに、いつでも使えるし、キマル確率も高め!

B バッキュンポーズ…だいたんなあなたにピッタリなのは、両手をピストル風にしたバッキュンポーズ。アゴのラインがかくれて小顔に見える効果も!?

C セクシーポーズ…ちょっとセクシーめのあなたには、ほおに手をあてるセクシーポーズがお似合いだよ。色っぽくてかわいい!

D アイドルポーズ…愛らしいあなたには、両手でグーして顔の下にあてるアイドルポーズが◎。盛り盛りブリッコでキメテ!

自分心理テスト

海賊船でのあなたの仕事は?

海賊にさらわれたあなた。海賊船では、どんな仕事をさせられそう?

- **A** デッキのそうじ
- **B** 海賊のペットの世話
- **C** パン焼き

海賊の宝の地図は?

海賊が、宝の地図をかくし持っているみたい。地図はどこにある?

- **A** 海賊の旗の裏
- **B** 飼っているオウムのかごの中
- **C** ハンモックの布の間

このテストの診断は114ページだよ

ネコはなんと言った？

道で出会ったネコ。しばらくあなたの顔をじっと見つめたあと、いきなり人の言葉を話し出したよ。なんと言った？

Ⓐ 写真、とるニャ？　　Ⓑ エサはいらないのニャ

Ⓒ ネコになりたいかニャ？

しゃべるネコをどうする？

言葉を話すネコを、あなたはどうしたいと思う？

Ⓐ 友だちに見せたい　　Ⓑ じっくり話したい

Ⓒ つかまえて飼いたい

自分心理テスト

このテストの診断は115ページだよ

診断 092 わかるのは… あなたのかくれた魅力

Ⓐ けんきょなところ
あなたのかくれた魅力は、けっしてじまんしないけんきょさ。才能があってもエラそうにしないところが美点だよ。

Ⓑ ユーモアのあるところ
あなたのかくれた魅力はユーモアセンス。みんなとちがう角度から物事を見て、おもしろい発言ができるところが好感度◎!

Ⓒ 正直なところ
あなたのかくれた魅力は、ウソをつかないこと。言いにくいことも率直に話すところが評価されそう!

診断 093 わかるのは… あなたのかくれたパワー

Ⓐ リーダーの才能
人をひきつけ、導いていく力があるよ。判断力とカリスマ性をあわせ持った、たのもしい人になれそう。

Ⓑ 豊かな表現力
表現力にめぐまれていて、トークの才能もありそうだから、みんなの前でスピーチをしてみるといいかも!?

Ⓒ 人をいやす力
いやしの才能があるみたい。落ちこんでいる人の心をなごませるパワーがあるよ。あなたがそばにいるだけで元気が出るかも!?

診断094 わかるのは… あなたが心に秘めている野望

A 学校のスターになる
あなたの野望は校内のスーパースター！ ゆうしゅうで性格もよくて、いつもみんなに注目される人になりたいと思っているよ。

B モテモテ女子になる
あなたの野望は、学校にファンクラブができるほどのモテモテ女子になること。みんながあなたに恋をする日がくるといいね。

C 今の生活からぬけ出す
あなたの野望は、せまい世間や学校をはなれること。海外留学や芸能人になるなど、今の生活のワクをこえて自由になりたいのかも!?

診断095 わかるのは… あなたの才能を発揮するカギ

A 友人
あなたが才能を発揮するカギは友人にあるみたい。友だちに進められて始めたことで、才能が開花しそう。

B 好きなことにこだわる
好きなことにトコトンこだわり、追いかけるうちに、どんどん力をつけ、才能を発揮できる幸せなタイプ。

C ピンチがチャンス
あなたは、ピンチになるとかくせいし、才能を発揮できるタイプ。追いつめられると可能性が目覚めるはず！

テスト 096 なつかしいインテリアは？

なぜか、あなたがなつかしい気持ちになるインテリアは、次のうち、どれ？

- Ⓐ 天がいつきベッド
- Ⓑ 立派な本だな
- Ⓒ 大きな鏡
- Ⓓ 馬の絵がついたいす

このテストの診断は118ページだよ

恋のメッセンジャーは？

動物に恋のメッセンジャーをたのむなら、次のうち、どれ？

- Ⓐ チーター
- Ⓑ コアラ
- Ⓒ カメ

自分心理テスト

聞こえてきた曲は？

学校のろうかを歩いていたら、音楽室からある曲が聞こえてきたよ。その曲は、どれ？

- Ⓐ 『運命』
- Ⓑ 校歌
- Ⓒ アニソン

このテストの診断は119ページだよ

117

診断096 わかるのは… あなたの前世（ヨーロッパ編）

🅐 おひめさま

あなたの前世は、立派なお城に住んでいたおひめさま。大切に育てられ、美しく成長したあなたは、政略結婚で大国にとついだよ。イケメンの王さまとの間に王子や王女が生まれたころ、革命が起こって大変なことに！　亡命したあとは地位を捨てて、家族とおだやかに暮らしたみたい。

🅑 吟遊詩人

あなたの前世は、楽器を片手にいろいろな国を旅して歩いた自由なアーティストだったよ。美しい声で物語を歌い、きゅうていの貴族をウットリさせたみたい。魅力的な人だったから、行く先々でモテモテ。恋多き人生を送ったよ。

🅒 まほう使い

捨て子だった前世のあなたは修道院で育てられ、そこで難しい本を読み、薬草の知識や、うらないを覚えたみたい。やがて森のまじょに弟子入りして不思議な力を身につけたあなたは、有名なまほう使いになって、いろいろな人を助けたよ。

🅓 女騎士

あとつぎがいない貴族の家で、男として育てられたあなたは、ジャンヌ・ダルクみたいに鎧を着て十字軍に参加した、正義感が強く、勇気がある女騎士だったよ。手がらを立てたあと、同じ戦いに参加した他国の王子と結婚。美しい女性にもどって幸せに暮らしたよ。

診断 097 わかるのは… 成績アップの勉強法

A 早朝学習
スピード命のチーターを選んだあなたは、早起きして早朝学習をするのがおすすめ。さわやかな空気の中で勉強をすると、内容がするすると頭に入ってきそう。

B 独創的な学習法
ユニークな動物を選んだあなたは、独創的な学習法が◎。覚えたいことを歌にしたり、きおくが定着するというねる直前の勉強法などがおすすめ!

C 基本をしっかりやる
ゆっくりと、でもけんじつな動物を選んだあなたは、基本をしっかりやる勉強法が一番。計算や漢字をくり返し書いて、覚えよう!

診断 098 わかるのは… 勉強におすすめのかんきょう

A 人がいてきんちょう感のある場所
図書館やカフェなど、周りに人がいるほうがいいみたい。たまには外に出て学習してみて。

B 慣れた場所
お家のダイニングテーブルや自分の部屋が◎。いつもの場所がリラックスできるよ。

C せまくて小さな場所
トイレやおし入れの中、電車など、せまく限られた場所があなたにはイイみたい!

テスト099 ヒロインが見まわれたアクシデントは？

正義のヒロインが、思わぬアクシデントに見まわれちゃった！ アクシデントとは何？

- Ⓐ キメぜりふを忘れちゃった
- Ⓑ 戦う前に悪者がにげちゃった
- Ⓒ 変身アイテムを落としちゃった

テスト100 人気スイーツをゲットしたのは？

コンビニで売り切れ続出の和のスイーツ。どうしてもほしいあなたが、そのスイーツを見つけたのは、何件目のお店？

- Ⓐ 5けん以上回ってやっと
- Ⓑ 3けんめで見つけられた
- Ⓒ 1けんめでキセキ的にゲット

このテストの診断は122ページだよ

テスト101 お財布を見つけたのは？

修学旅行先で、お財布を落としちゃった！ 見つけてくれたのは？

- Ⓐ 友だち
- Ⓑ 他校の生徒
- Ⓒ 外国人の観光客

自分心理テスト

テスト102 公園にいたのは？

お気に入りの公園のベンチに座り、読書をしていたあなた。ふと目を上げると、そこにはあり得ない存在が!?

- Ⓐ ゴジラ
- Ⓑ 聖徳太子
- Ⓒ まじょっ子

このテストの診断は123ページだよ

診断099 わかるのは… やる気アップのコツ

A 整理整とん
気が散りやすいあなたは、机の上を片づけると◎。スマホやマンガなどは見えない場所に置こう。これで集中できるはず。

B 得意な教科から始める
苦手なことからにげたいあなたは、まず得意なことをやってモチベーションをアップさせて。ガゼンやる気がアップするはず。

C 友だちといっしょに勉強する
周囲のムードにつられやすいあなた。マジメで前向きな友だちといっしょにいれば、ヤル気がうつって意欲がアップするよ!

診断100 わかるのは… 一発逆転力

A 低めの30%
火事場のばか力的なパワーはなさそうだけど、そのぶん、ふだんからコツコツと努力できるタイプみたい。

B 通常レベルの50%
どたんばで逆転できることもあるけど、ダメなときも半々くらい。失敗したときの対策を考えておけば安心だね。

C 高めの80%
追いつめられるとヤル気に火がつき、そこからモーレツに巻き返せるタイプだよ。見ているほうも熱くなる!?

診断101 わかるのは… ツキを持っている？ 持っていない？

Ⓐ ツキはあまりない
運が悪いわけじゃないけど、残念ながら今のあなたのツキは小吉レベル。大きな決断やぼうけん的な行動は少し待ったほうがよさそう。

Ⓑ まぁまぁツキあり
あなたのツキは中吉レベル。何もしなくても望みのモノが手に入るわけではないけれど、努力さえすれば、ちゃんと目標にとどきそう。

Ⓒ ツキがたくさんある
あなたのツキは大吉レベル。思いきって、いろいろなことにちょうせんするとイイ時期だよ。みんなのために行動をすると、さらにツキがアップ！

診断102 わかるのは… 今持っているパワー

Ⓐ 元気パワー
今のあなたはどんな問題も乗りこえられるパワーがあるよ。みんなに元気のおすそ分けもできそう！

Ⓑ 勉強パワー
成績アップのチャンスだから、この機をのがさず勉強に力を入れてみよう。イッキにトップクラスの仲間入りかも！？

Ⓒ ラブパワー
恋の力増大中。モテ期がやってきた予感アリ。あなたのことを"いいな〜"と思っている男子が増えて、あなたにもそろそろ恋人ができるかも！？

自分心理テスト

映画を見ているときの表情は？

映画を見ている最中の女の子の表情は、どんな顔？

Ⓐ うっとり　Ⓑ 笑顔　Ⓒ おこり顔

ピノキオの服の色は？

ピノキオの服に色をぬるとしたら、グリーン、それともイエロー？

ふうとうのデザインは？

転校していった友だちから、手紙がとどいたよ。ふうとうのデザインは、次のうち、どれ？

Ⓐ あざやかなトリ　　Ⓑ いろいろな形のクッキー
Ⓒ 四つ葉のクローバー

留守番をたのむなら？

あなたが家の留守番をたのむとしたら、イヌとサル、どっち？

このテストの診断は128ページだよ

夢の中の姿は?

思わずうたたねをしてしまったあなた。あなたが夢の中でなっていたのは、次のうち、どれ?

Ⓐ 子グマ　Ⓑ 子ネコ
Ⓒ 子ウマ

友だちのアクセサリーに選ぶのは?

友だちの誕生日にアクセサリーをプレゼントしたあなた。モチーフに選んだのは、花、それとも星?

服についているのは?

新しい服を買ったよ。服についているのはボタン？　それともジッパー？

自分心理テスト

このテストの診断は129ページだよ

テスト110 まほうの国でゲットしたのは?

まほうの国で最初に手に入れたアイテムは?

- **A** カギ
- **B** ブレスレット
- **C** けん

テスト111 泣いたあとに見た月は?

思いきり泣いたあと、見上げた空に月が出ていたよ。どんな月だった?

- **A** 三日月
- **B** 満月
- **C** 半月

テスト112 まちがい電話の声は?

1人で留守番をしていたら、まちがい電話がかかってきたよ。どんな感じの声だった?

- **A** アニメ声
- **B** アナウンサーのような声
- **C** DJのような声

このテストの診断は129〜130ページだよ

テスト113 ロウソクがともったのは？

暗やみの中、フッとロウソクがともったよ。それはどんなシチュエーション？

- Ⓐ お城のぶとう会
- Ⓑ あなたの誕生日
- Ⓒ 停電

テスト114 夏休みの宿題はいつやる？

夏休みの宿題がどっさり出たよ。さて、あなたはどのタイプ？

- Ⓐ 7月中にやる
- Ⓑ 毎日少しずつやる
- Ⓒ 新学期直前にあわててやる

テスト115 ぼうしはどこに落ちた？

お気に入りのぼうしが、水に落ちちゃったよ……。落ちたのはどこ？

- Ⓐ 水たまり
- Ⓑ 川
- Ⓒ 海

テスト116 当てはまるものは？

次のうちから、あなたに当てはまるものをチェックしてみて。いくつあった？

- 💚 テストのヤマ感がよく当たる
- 💚 動物とよく目が合う
- 💚 朝起きてからも夢の内容をおぼえている
- 💚 だれもいないのに視線を感じることがよくある
- 💚 キライな子が、ケガや病気になったことがある

このテストの診断は130ページだよ

自分心理テスト

診断103 カリスマ度
〔わかるのは…〕

- **A カリスマ度高め** … とつぜん神がかって、みんなをあっとうしちゃうようなことがあるかも!?
- **B カリスマ度低め** … カリスマというよりは、親しみやすいしょみん派タイプ。意外とみんなの人気者。
- **C カリスマ度中くらい** … ほんのときたま、かがやくオーラをただよわせることもあるけど、いつもはフツーの人だよ?

診断104 まじめ度
〔わかるのは…〕

グリーンの人は、**今は超まじめ**。あなたくらいちゃんとしていたら、ピノキオの鼻ものびなかったかも!? イエローの人の**今のまじめ度は低め**。サボったり、小さなウソをつくことがあるんじゃない!?

診断105 やさしさ度
〔わかるのは…〕

- **A やさしさ度45%** … ハッキリと自分の我を通そうとすることが多いみたい。今のあなたのやさしさはちょっと低めかも。
- **B やさしさ度60%** … 基本的にはやさしいけど、キゲンの悪いときにはイジワルなことを言うことがあるかも!?
- **C やさしさ度80%** … とってもやさしいあなた。たくさんの友だちにしたわれているよ。

診断106 お人好し度
〔わかるのは…〕

イヌに留守番をたのんだあなたの**お人好し度は低め**。ちゃんと判断力があるから、あやしい話には乗らないみたい。サルに留守番をたのんだあなたは、**かなりのお人好し**。悪い人にだまされないように、気をつけて。

128

診断107 わかるのは… あまえんぼう度

A あまえんぼう度 60%
親が強い子グマをえらんだあなたは、ちょっとあまえんぼう。あまえられる人を、きちんと選んでいるよ。

B あまえんぼう度 90%
子ネコを選んだあなたは、めちゃくちゃあまえんぼう。だれにでもあまえられるのは、もはや特技!?

C あまえんぼう度 35%
産まれてすぐに立ち上がる子ウマを選んだあなたは、あまりあまえない、自立したしっかり者だね。

診断108 わかるのは… 八方美人度

花を選んだ人は人気者でいたくて、ついみんなにイイ顔をしたくなる、<u>八方美人度高めのタイプ</u>。星を選んだ人は、自分が好きじゃない人に人気があってもむしろめいわくだと思うクールなタイプ。<u>八方美人度はかなり低め</u>。

診断109 わかるのは… おしゃべり度

<u>ボタンの人はおしゃべり度が高め</u>。言わなくてもいいことまで話しちゃわないようにね。<u>ジッパーの人はけっこう無口</u>。とくにプライベートなことを話すのはニガテみたい。

診断110 わかるのは… 勇気度

A 勇気度 60%
何が待ち受けているかわからないとびらを、迷った末に開けられるタイプ。

B 勇気度 40%
しんちょうでトラブルは少ないけど、勝負ごとには弱いかも!?

C 勇気度 90%
困難に立ち向かう、ヒーロー気質のゆうかんな人だよ。

診断111 わかるのは… シンの強さ度

A <u>シンの強い人</u>。おとなしそうに見えて、こうと決めたらやりぬくタイプ。
B <u>愛する人のためならシンの強さを発揮できる人</u>。
C 強そうに見えるけれど、気持ちがゆれやすくて<u>シンは弱そう</u>。

自分心理テスト

診断 112 わかるのは… 二重人格度

A 相手によってキャラが変わるあなたは二重人格どころか多重人格!?

B 相手がだれでもあなたはあなた。態度もキャラも変えない安定したタイプ。

C 家と学校など、場所によって性格が分かれる二重人格!?

診断 113 わかるのは… 人気者度

A 人気者度60%
目立つ友だちの周りにいるタイプかも!?

B 人気者度80%
いつも友だちに囲まれているタイプ。

C 人気者度30%
みんなのウケは今ひとつだけど、たよりにされるしっかり者。

診断 114 わかるのは… ストレス度

A 心配性のあなたは、ストレス度高め。

B 毎日やる派は、ストレス度標準タイプ。

C 最後にやる派はのん気で、ストレス度低め。

診断 115 わかるのは… ふんいきに流され度

A 落ちても拾える水たまりは、流され度30%

B 流れのある川は文字通り、流され度90%

C 波が寄せる海は、流され度50%。

診断 116 わかるのは… 霊感の強さ

♥ 4〜5コ ♥
霊感強めのあなたは不安が的中することが多そう。不思議な体験をすることもあるかも!?

♥ 2〜3コ ♥
あなたの霊感はふつうレベル。ね不足やつかれているときに、カンがするどくなるみたい。

♥ 0〜1コ ♥
ほとんど霊感ゼロのあなた。もし近くに幽霊やオバケがいたとしても、気づかないタイプだよ。

テスト117 ネコへのプレゼントは？

主人のために、知恵と機転で素敵な生活を手に入れてくれた『長ぐつをはいたネコ』。いろいろとがんばってくれたネコに、あなたがおくりたいものは何？

- Ⓐ 旅行券
- Ⓑ しゅんの魚
- Ⓒ 新しい長ぐつ

テスト118 本物の王子さまは？

あなたはおひめさま。ある日、びっくりするような事実が判明！ 思わず出たあなたの一言は、「カレが本物の王子さまだったの？ マジで!?」 ……いったい、だれのこと？

- Ⓐ 王子の料理人
- Ⓑ 王子の家庭教師
- Ⓒ 王子の飼いイヌ

このテストの診断は132ページだよ

診断 117 元気になれる場所

A 自然の中
あなたが元気になれる場所は、自然が豊かなところ。広々とした海や、思わず深呼吸したくなる森で、日ごろのストレスが消えていきそう。

B イベント会場
あなたが元気になれる場所は、花火大会やお祭りなど期間限定のイベント会場。リフレッシュできて、明るい気分になれるはず。

C にぎやかな場所
あなたが元気になれる場所は、はなやかな街の通りやテーマパークなど、人が多く集まる場所。考えただけでテンションが上がっちゃう!?

診断 118 あなたの本当の味方

A 家族
何かと反発したり、ケンカしたりもするけど、イザというときはびっくりするほどあなたを守ろうとしてくれるはず。

B 先生
学校、じゅく、習い事の先生など、なやみを打ち明ければ親身になってくれるオトナが、あなたの本当の味方だよ。

C 幼なじみ
小さいころからあなたのことをよく知っている幼なじみは、いつでもあなたの味方。どんなことでも力になってくれるよ。

こわい話でわかる自分診断

♣自分心理テスト

テスト119 エリカはどうしたと思う?

- Ⓐ アイドルになった
- Ⓑ 入院中
- Ⓒ 不登校

診断119 わかるのは…
あなたの「かくれ性格」!

Ⓐ だいたん
おとなしそうに見えてだいたん。
みんなをおどろかせるサプライズの人。

Ⓑ グチっぽい
いつも楽しそうにしているけど、
心の中ではグチが多そう。

Ⓒ ゆうじゅうふだん
しっかりしているようで、
ゆうじゅうふだんなところがあるよ。

エリカさんって

そんなに私に似てるんだ…

携帯電話?

テスト 120

どんな声が聞こえた?

- Ⓐ「次はお前だ」
- Ⓑ「助けて」
- Ⓒ「……」

わかるのは…

診断120 いかりの強さ

Ⓐ いかりの強さ・中レベル
ちょっとおこりっぽいけど、
根に持たないタイプ。

Ⓑ いかりの強さ・小レベル
あまりはげしくおこることはない、
おだやかなタイプ。

Ⓒ いかりの強さ・大レベル
ふだんはそんなにおこらないけど、
キレたら暴れちゃうかも!?

診断121 わかるのは… さみしがり度

A さみしがり度 20%
ひとりでいるほうが気楽なときがあるかも!?
こどくに強いタイプ。

B さみしがり度 50%
人恋しくなったりクールだったり。
日によって変わる気まぐれ屋さん。

C さみしがり度 90%
だれかがそばにいないとなんだか
不安。こどくに弱いさみしんぼう。

自分心理テスト

トリック
オア
トリート!

おかし
こうかんしよ

テスト122 もらったおかしは?

- A キャンディー
- B チョコレート
- C カップケーキ

診断122 わかるのは… あなたはどんなモンスター？

Ⓐ じまんモンスター

Ⓑ しっとモンスター

Ⓒ くっつきモンスター

だれ…？

私に似てた…？

ウワサなんだけどね

ハロウィンの日には不思議なことが起きるんだってー

診断123 わかるのは… あなたのかくれた力

Ⓐ 危険察知力
危険を察する力があるよ。トラブルを知らないうちにさけているかも!?

Ⓑ カレシ発見力
タイプの男子を見つける動物的なカンがあるよ。ピンときたら接近して!

Ⓒ 食いしんぼう力
おいしいものと出会う力があるね。なんとなく入った飲食店が大当たり!

テスト124 どこを引っ張られた?

Ⓐ 服のすそ
Ⓑ 左手 Ⓒ 右手

診断124 わかるのは… 負けずぎらい度

A 低め
人と競うのはニガテで、
勝ちをゆずることもあるかも!?

B 中くらい
得意分野に関しては負けずギライ。
一番になりたくてがんばるタイプ。

C 高め
かなり負けずギライ。心の中では
いつも自分が一番と思ってそう。

♣ 自分心理テスト

診断125 わかるのは… ナルシスト度

A 逆ナルシスト
どちらかというと自分に自信が
ないみたい。もっと自信を持って！

B 超ナルシスト
自分が超大好きなナルシスト。鏡を見て
ウットリしてたりするかも？

C ほどほどナルシスト
ダメなところも、いいところも
自分でわかる、ほどほどナルシスト。

自分心理テスト

きゃー!!

トリック オア
トリート!!

ってちょっと
おどろかしすぎじゃない？

テスト126 迷子になりそうな場所は？

- Ⓐ 大きな病院
- Ⓑ テーマパーク
- Ⓒ さばく

診断126 わかるのは… 今の友だちへの気持ち

友情心理テスト

- Ⓐ けっこう気をつかっているみたい
- Ⓑ もっと仲良くなりたいと思っているよ
- Ⓒ 本当は気が合わないかも…と感じているよ

私がスズに気をつかっている…?

カレができてから友だちに気をつかいすぎてよけいに2人の気持ちがしっくりいっていないのかも

今の気持ちもふくめて素直に話してみたら?

でもどうすれば…

テスト127
スマホでゲームを始めてみよう。スタート画面は公園。最初にイベントが起きた場所は?

- Ⓐ ステージ
- Ⓑ 温室
- Ⓒ カフェ

テスト128 最初につかまえた幻獣は？

- Ⓐ ドラゴン
- Ⓑ ユニコーン
- Ⓒ フェニックス

「ⒶとⒷかな…」

「よーし テストの結果を見てみよう！」

診断127 わかるのは… 素直に気持ちを伝えられる方法

Ⓐ 直接会って本音で話す

Ⓑ メールで気持ちを伝える

「もっともーっとお話したいな♡♡♡」

Ⓒ 共通の友だちと3人で話す

テスト129 どっточを選ぶ?

あてはまるほうを選んで、矢印に沿って進んでね。

1 友だちが変なぼうしをかぶってきて「似合う?」だって。あなたはどう答える?
「似合う!」⇒ **2** へ
「ビミョーかな」⇒ **3** へ

4 持ち寄りパーティーでがあったら?
みんなが喜ぶものを買っていく ⇒ **7** へ
家にあるものを適当に持っていく ⇒ **8** へ

2 人の好ききらいが激しい
Yes ⇒ **5** へ
No ⇒ **4** へ

3 ふつうにしているのに「おこってるの?」とよく聞かれる
Yes ⇒ **6** へ
No ⇒ **5** へ

5 ドタキャンはしない
Yes ⇒ **8** へ
No ⇒ **9** へ

6 みんなが自分よりダサく見える
Yes ⇒ **10** へ
No ⇒ **9** へ

このテストの診断は 155ページだよ

テスト 131 運動会の競技は？

友だちといっしょに運動会に出ることになったよ。どんな競技をすることになったかな？

Ⓐ 玉入れ　　Ⓑ 二人三脚　　Ⓒ リレー

このテストの診断は156ページだよ

わかるのは…
友だちづきあいのじょうず度

診断129

友情心理テスト

A つきあいじょうず度 50%

友だちにつくしちゃうタイプのあなたは、みんなから"いい子"だと思われているよ。でも、自分より友だち優先だからつかれそう。ときには友だちの存在がストレスになることも。こんなあなたのつきあいじょうず度は50%。もっと気楽で対等になれば◎!

B つきあいじょうず度 90%

フットワークがよくて、いろいろな友だちと楽しくつきあえるタイプ。軽そうに見えて、じつはたよりがいがある人気者だね。どうでもいいことにはこだわらず、大事なことはハッキリ言うから、どんな人からも一目置かれそう。友だちづきあいはじょうずだよ!

C つきあいじょうず度 70%

こだわりが強い面もあるけど、バランスの取れた友だちづき合いができるタイプだよ。とくに、キャラが立っている個性派タイプとは、すぐに仲良くなれそう。あなたの友だちづきあいのじょうず度は少し高めの70%。きげんの悪いとさはつきあいが悪くなるかも!?

D つきあいじょうず度 30%

あなたは自信家で、ちょっと友だちを下に見ているところがあるみたい。その上マイペースで、気が向かないと、みんなのさそいを平気で断ったりするところも。そんなあなたはつきあいベタ。もう少し相手に合わせたほうが仲良くなれるし、あなたも楽しいはず。

診断130 友情を長続きさせる方法

A 約束を守る
約束をちゃんと守ることが友情を長続きさせるポイント。とくに時間と秘密はちゃんと守ろうね!

B ギブ&テイク
ギブ&テイクが友情を長続きさせるカギ。友だちに何かをしてもらったら、今度はあなたが力になってあげてね。

C 適度なきょり感
きょり感が大切だよ。ベッタリしすぎると長続きしないから、ときどきはちがう友だちと遊ぶとよさそう。

D 本音で話す
友だちにえんりょをしすぎないのが、友情を長続きさせるヒケツ。気をつかいすぎないで、本音で話すようにしよう!

診断131 落ちこむ友だちをはげます方法

A 明るくふるまう
あなたの明るさが、友だちに元気をあたえるよ。「遊ぼ!」と外に連れ出して。遊んでいるうちに友だちの顔に笑顔がもどってきそう!

B 話を聞く
共感力◎のあなたがそばにいるだけで、友だちはいやされそう。相手が落ちこんでいる理由を話したら、じっくりと聞いてあげてね。

C おやつのプレゼント
気がきくあなたは、友だちにおやつや食べものをあげて心をほぐそうね。いっしょにおいしく食べているうちに、友だちも元気になるはず!

テスト132 どの皿から食べる?

目の前に回転ずしのお皿が回っているよ。さあ、どれから食べる?

- A マグロ
- B エビ
- C 巻きもの系
- D 茶碗蒸し

友情心理テスト

テスト133 どんなジャンルの映画?

話題の映画の招待券をもらったよ。どんなジャンルかな?

- A 恋愛もの
- B アニメ
- C SF・ファンタジー
- D コメディー

このテストの診断は158ページだよ

診断132 わかるのは… 女友だちのつくり方

A 自分から話しかける
休み時間やそうじのとき、体育の授業などに、自分から話しかけよう。まんがやアニメ、芸能人の話題など、王道コンテンツがおすすめ。

B 手助けをする
気配りができるあなたは、忘れものを貸してあげたり、クラスの用事を手伝ってあげるといいよ。みんなからとっても感謝されそう。

C 話を聞いてあげる
やさしくて人の気持ちがわかるあなたは、聞き役に回るとよさそう。困っている子の相談にのってあげるのもいいね。

D いいところをほめる
友だちのファッションや持ちものをほめよう。自分の服のセンスをほめられて、うれしくない人はいないよ。長所をほめるのも◎。

診断133 わかるのは… 男友だちのつくり方

A あいさつをする
朝、会ったら元気にあいさつをしよう。そのときに「おはよ！」ってかたを軽くたたくなど、さりげなくボディータッチをするのもいいね！

B 男の子の好きなことで会話をする
男の子が興味のあるものにくわしくなろう。サッカー選手やゲーム、男の子がよく見ていそうな番組など。会話が盛り上がるよ！

C グループ交際
グループで遊びに行こうと提案してみて。みんなで公園や遊園地で一日を過ごすうちに、あっという間に仲良くなっちゃいそう！

D ノリよくしゃべる
ノリがイイところをアピールできそう。ものおじしないで男の子の話にツッコミを入れたりして、ちょっとした人気者になれるよ！

テスト134 もも太郎になったら？

あなたはもも太郎。おともに連れていたサルが、オニにつかまってしまったよ。どうする？

- Ⓐ キジに様子を見に行かせる
- Ⓑ 全力で救出する
- Ⓒ 悪いけど、ぎせいになってもらう

友情心理テスト

テスト135 なんの番組の撮影？

友だちと歩いていたら、テレビの撮影隊にそうぐう！ なんの番組？

- Ⓐ ドラマ
- Ⓑ バラエティ
- Ⓒ ニュース

テスト136 海外に持っていくなら？

海外でホームステイ。寝つけないときに持っていきたいものは？

- Ⓐ 自分のまくら
- Ⓑ 大切なぬいぐるみ
- Ⓒ 好きな本

テスト137 こうかん日記があったら？

友だちの部屋に行ったら、友だちがほかの子とやっているこうかん日記が。友だちに何か言う？

- Ⓐ 「見てもいい？」
- Ⓑ 「こうかん日記やってるんだ…」
- Ⓒ 何も言わない

このテストの診断は160ページだよ

診断134 わかるのは… 友だち思い度

- **A** 友だち思い度 60% … 大好きな子と、それほどでもない子など、ときと場合によって、友だちを思う気持ちに差が出るよ。
- **B** 友だち思い度 90%以上 … 友だちのためならたとえ火の中、水の中!といったタイプ。
- **C** 友だち思い度 30% … 友だちと仲良くしたいけど、自分のほうがずっと大事みたい!?

診断135 わかるのは… ノリノリ度

- **A** ノリノリ度 65% … みんなの注目をあびる目立った存在だね。
- **B** ノリノリ度 95% … 友だちといっしょなら、こわいものなし!
- **C** ノリノリ度 35% … 仲はよくても、あまりハメを外さないマジメな子。

診断136 わかるのは… ベッタリ度

- **A** ベッタリ度 50% … 友だちとは仲良しだけど、自分の時間も大切にしたいタイプ。
- **B** ベッタリ度 90% … できればず〜っと友だちといっしょにいたいのでは!?
- **C** ベッタリ度 30% … 友だちといるより、1人のほうが落ち着くかも!?

診断137 わかるのは… ヤキモチ度

- **A** ヤキモチ度 90% … 独占欲強めのヤキモチ焼き。友だちをひとりじめにしたいタイプだね。
- **B** ヤキモチ度 50% … 大好きな友だちが、ほかの子と仲良くしていたらあせるけど、顔には出さないみたい。
- **C** ヤキモチ度 10% … 好きな友だちが仲良くしている子なら、私も好きになろう!と前向き。

テスト138 タヌキになったら?

あなたはタヌキの子。人に化けて、お祭りに来たよ。何を見に行きたい?

- Ⓐ おみこし
- Ⓑ ぼんおどり
- Ⓒ 屋台の店

テスト139 どの道を行く?

山のハイキングコースを歩いていると、目の前に分かれ道が……。

- Ⓐ おもしろそうな道のほうへ GO!
- Ⓑ どっちの道がいいかわかるまで進まない

テスト140 スイカの食べ方は?

大好きなスイカ、どうやって食べたい?

- Ⓐ 家の中でカブッ
- Ⓑ フルーツパーラーで
- Ⓒ 外で種を飛ばしながら

テスト141 手品のタネがわかったら?

教室で先生が手品をひろうしたよ。でも、タネがわかっちゃったんだけど……。

- Ⓐ 悪いからだまっている
- Ⓑ だれかに話しちゃう

このテストの診断は162ページだよ

友情心理テスト

診断138 盛り上がるテーマ 〔わかるのは…〕

- **A ホンネトーク** … 家族のこと、恋のなやみなど、ホンネのぶっちゃけトークをすると盛り上がりそう。
- **B 共通の趣味** … 同じ趣味の話で盛り上がりそう。コスプレなどヲタク度が高いと友情アップ？
- **C お出かけ** … 買いもの＆遠出で盛り上がりそう。ふだんとちがう面を見せ合えば、しんせんな発見がありそう。

診断139 たよられるタイプ？ 守られるタイプ？ 〔わかるのは…〕

- **A 守られるタイプ** … あまり、たよりにはならないけど、友だちにとってあなたは大切な子。守ってあげなきゃ！と思われているみたい。
- **B たよられるタイプ** … 友だちから見てあなたは、とてもたよりになる存在。いろいろな場面で相談されることも多そう！

診断140 心のオープン度 〔わかるのは…〕

- **A 心のオープン度60%** … けいかい心はあるけど、人に対する興味もあるみたい。
- **B 心のオープン度30%** … 本音を言えるようになるまで、時間がかかるタイプ
- **C 心のオープン度90%以上** … いつもホンネでつき合いたいって思っているみたい。

診断141 秘密主義？ おしゃべり？ 〔わかるのは…〕

- **A 秘密主義** … 口がかたいのは、変なことを話したらきらわれる？っていう心配の証。友だちをしんらいして話すことで仲良くなれるよ。
- **B おしゃべり** … オープンで明るい性格のあなたは、秘密にするのが苦手。みんなに好かれるあなただけど、話さなくていいことまで言っちゃうかも!?

芸能界デビューするなら？

もし、あなたが歌やダンスで芸能界デビューするなら、どのタイプのグループ？

- Ⓐ 3人ユニット
- Ⓑ 5人のバンド
- Ⓒ 大人数のグループ

友情心理テスト

サラダに入れる野菜は？

家庭菜園で、野菜を育てているあなた。今日のサラダに入れるなら、なんの野菜をしゅうかくする？

- Ⓐ とうもろこし
- Ⓑ トマト
- Ⓒ じゃがいも

クマの子の用事は？

森の家でお留守番をしていたら……
あれ？ クマの子がやってきたよ？
なんの用事？

- Ⓐ 相談にきた
- Ⓑ 何かを借りにきた
- Ⓒ 遊びにきた

このテストの診断は164ページだよ

診断142 わかるのは… あなたにぴったりのグループの人数

A 3人程度 … いつもいっしょに行動する、気心の知れた3人ほどのグループが合っているよ。

B 5人程度 … 性格や考え方がちがう子もいる、5人ほどのグループがしげきがあっていいみたい。

C 6人以上 … ライバルになりそうな子もいる、大人数のグループがあなたを成長させてくれそう!

診断143 わかるのは… しゃべり役か？聞き役か？

A しゃべり役 … いつも楽しい話題を提供して、友だちを笑わせるムードメーカー。

B しゃべりすぎ … 自分の言いたいことだけ話しちゃうことが多いので、しゃべり役としては少しちゅうとはんぱ？

C 聞き役 … 聞き役にまわることで、相手をいやす存在のあなた。聞きじょうずだから友だちも多そう!

診断144 わかるのは… 交友関係の広さ

A 広くない … 交友関係はあまり広くないけど、仲良しの子とじっくり深くつき合うタイプ。

B 広い … 交友関係は広いほう。あなたをたよりに思っている人も多そう。

C すごく広い … 自分の学校だけじゃなく、クラブ活動などで知り合った他校の子とも仲良くなれるタイプ。

テスト145 描き加えるなら？

下のイヌのイラストに、何か1つ描き加えるとしたら？

- **A** 首輪
- **B** ライオンのたてがみ
- **C** イヌの服
- **D** サングラス

友情心理テスト

このテストの診断は166ページだよ

診断 145 わかるのは… 相性がいい友だちタイプ

A おとなしい、いやしタイプ

人に従うという意味を表す首輪を選んだあなたと相性がいいのは、おとなしくてあなたの話をじっくりと聞いてくれる子。いつも味方になってくれるから安心だし、いやされるよ。彼女もあなたのことをたよりにしているよ!

B 強気で強引なタイプ

たてがみが表すのは強さ。そんなたてがみを選んだあなたは、強気で決断力がある友だちとの相性がバッチリ! 迷ったときには力強いアドバイスをくれるし、何かあったときはあなたを守ってくれそう!

C 美人な優等生タイプ

イヌの服は見栄を表すよ。そんな服を選んだあなたは、美人で成績がよくて、みんなに一目置かれるタイプと相性◎。彼女もあなたとは気が合いそう。彼女といることで、あなたの価値まで上がりそうだよ。

D ミステリアスなタイプ

秘密を表すサングラスを選んだあなたは、ミステリアスで何を考えているのかわからないタイプと相性が最高! カノジョは相当個性的だけど、あなたとは趣味や好みがバッチリ合いそう。ずっと話していてもあきないよ!

テスト146 友だちはイジメっ子になんて言う?

友だちがカメを助けたよ。でも、イジメっ子たちは「このカメが悪いんだ」と言ったよ。それを聞いて友だちが言った言葉は?

- A 「大勢でイジメているほうが悪い」
- B 「おたがいの主張を聞くよ」
- C 「みんなにアイスをおごるね」

友情心理テスト

テスト147 イベントで友だちは何をした?

大きなイベント会場に遊びに行ってきた友だち。場内スタッフに注意されたとおこっているけど、何をしたのかな?

- A 列に割りこんだ
- B 出演者を写メッた
- C 持ちものチェックで引っかかった
- D いすから立ち上がった

テスト148 友だちが言った言葉は?

まほうのランプを手にしたあなた。どうやってもランプの精が出てこないというあなたに、友だちが言った言葉は?

- A 「じゅもん、まちがってない?」
- B 「出てこないほうがいいかもよ?」
- C 「とりあえず、おやつにしよっか!」

このテストの診断は168ページだよ

診断146 わかるのは… しげきをあたえてくれるタイプ

A ストレートな熱血漢 … 正義感があり、言い訳や、へりくつが大キライ。常識的な判断をする、たよりになる子。

B 頭がよくてフェア … 頭がよくてバランス感覚に優れた子。自分の考えで物事を決めつけないフェアなタイプ。

C ふしぎちゃん … 何を考えているか、わからない言動におどろかされるけど、すごくしげきを受けそう!

診断147 わかるのは… 友だちとして苦手なタイプ

A ずうずうしい … ちょっとくらいいいじゃん、とすぐトクしたがるところが苦手。

B 軽くておしゃべり … 楽しい子だけど、ないしょの話もすぐしゃべっちゃうところがイヤみたい。

C いつまでも根に持つ … ちょっとしたことでも、また蒸し返されるのかとウンザリすることが。

D ハイテンション … どんな相手にもいつもハイテンションをおしつけるので、つかれちゃう!?

診断148 わかるのは… 意外に気が合うタイプ

A オタクっぽい … つっけんどんでオタクっぽいけど、かなりの物知り。深くつき合うと、おもしろいよ。

B ネガティブ思考 … 暗いなと思うこともあるけど、しんちょうなので、あなたの暴走を止めてくれるよ。

C 明るくノーテンキ … 細かいところは気にしないタイプだから、つき合っていてラクな子だよ。

テスト149 右手を描くなら?

下のイラストの女の子に、右手を描いてあげて。
どんな手にした?

- Ⓐ 手を上にあげている
- Ⓑ 頭やかみに手を当てている
- Ⓒ テーブルの上に置いている
- Ⓓ テーブルの下
- Ⓔ そのほか

友情心理テスト

このテストの診断は172ページだよ

テスト150 明かりがついている客室はいくつ？

一日たくさん遊んだら、夕暮れどきになったよ。部屋が15室あるという小さなホテルには、明かりがいくつ、ついている？

友情心理テスト

テスト151 川をわたるには？

あなたがとまるホテルは、向こう岸にあるよ。何に乗っていく？

- Ⓐ 手こぎボート
- Ⓑ クルーザー
- Ⓒ 観光船

このテストの診断は173ページだよ

診断149 わかるのは… グループ内でのあなたのポジション

A リーダー役

グループ内ではリーダー役になることが多そう。率先して遊びの計画を立てたり、みんなに指示したり。意見をまとめるのもうまいよ!

B ムードメーカー

楽しいことを言って笑わせたり、場を明るくするのがうまいあなたは、グループの盛り上げ役。あなたがいれば、みんな笑顔に!

C サポート役

みんなが仲良くできるように気づかうあなたは、グループのサポート役。あなたがいないと仲間たちの関係がギクシャクするかも!?

D かげのリーダー

ワガママを言ったり主張するわけでもないのに、なぜかみんながあなたの顔色をうかがっているかも!?ラスボスは、あなた。

E ときと場合によって、いろいろ

グループ内のポジションは流動的。ワガママを言ってあまえているかと思えば、冷静に問題を解決したり。立場が読めないミステリアスなタイプ。

診断150 （わかるのは…） しょうがいにできる親友の数

明かりのついている部屋の数が、あなたが一生のうちにできる親友の数だよ。5室以下と答えたあなたは、少数の友人と長〜くつきあっていけるタイプ。6〜9室の人は、入学や就職など人生の節目で親友が増えそう。10室以上の人は、しょうがいにたくさんの親友ができる予感。もしかしたら、すっごく長生きするのかもよ!?

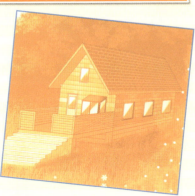

友情心理テスト

診断151 （わかるのは…） 一生の親友タイプ

Ⓐ おっとりして、やさしいタイプ

「○○ってすごいね！」とあなたの価値を評価して魅力を引き出してくれそう。

Ⓑ タフで、意志が強いタイプ

自分の進むべき道を決めている親友は、あなたをしっかりと支えてくれそう。

Ⓒ サービス精神おうせいな、にぎやかタイプ

何事にもちょうせんしたり、ぼうけんしたり、人生にはなやかさをそえてくれそう！

テスト152 写真はどこにかざる?

仲良しグループで写した記念写真。部屋のどこにかざる？

- **A** かべ
- **B** 机の上
- **C** 出窓スペース
- **D** かざりだな

このテストの診断は179ページだよ

テスト153 八つ当たりしたくなるのは？

大失敗！ おもわずだれかに八つ当たりしたくなるのは、どんなとき？

友情心理テスト

A 服に大きな
シミがついた

B アイスを道に
落とした

C ズルしたのが
ばれた

このテストの診断は180ページだよ

あなたは、おやしきに住んでいる、お金持ちのおじょうさまだよ。次の2つの質問に答えてね。

友情心理テスト

テスト154 電球が切れやすい部屋は？

素敵な部屋がたくさんあるけど、よく電球が切れちゃう部屋があるよ。どの部屋？

- Ⓐ ホールのシャンデリア
- Ⓑ 自分の部屋
- Ⓒ 図書室

テスト155 ぬすまれたのは何？

おやしきにドロボウが入ったみたい。ぬすまれたのは、なんだと思う？

- Ⓐ 聖母マリア像
- Ⓑ 宝石
- Ⓒ 土地の権利書
- Ⓓ 天然記念物のネコ

このテストの診断は180〜181ページだよ

捨てられないものは？

昔から大事にしていて、あなたがどうしても捨てられないものは、次のうちどれ？

Ⓐ ぬいぐるみやオモチャ

Ⓑ 本やまんが　　Ⓒ 服やくつ

このテストの診断は181ページだよ

グループ交際にオススメの遊び方

A みんなでワイワイ楽しむ

カラオケ、ボーリングなど、みんなが積極的に参加できる場所がピッタリだよ！ボーリングはグループ対決にすると熱が入りそう。そのあとファミレスで食事してシメはカラオケ！なんていうのもアリだよ。写真もいっぱいとろう！

B ちょっと学べる文科系スポット

ちょっとマジメで、学べる要素がある場所が、とってもじゅうじつしそう。博物館やプラネタリウム、水族館、動物園がオススメだよ！物知りタイプの子が解説をしてくれたりして、教室とはちがう顔が見られそう。けっこう感動するはず。

C 戸外でアウトドア

アウトドアが盛り上がりそう！ランチボックスを持って、広めの公園や海岸でピクニックはいかが？お弁当を食べたあとはフリスビーやボール遊びも楽しいよ。気取らない素の部分が見えて、心から楽しめそう！

D テーマパークで盛り上がる

やっぱり遊園地、テーマパークが最高。男女ペアになってアトラクションの乗りものに乗ったり、観覧車に乗るのも楽しそう。最初はきんちょうしていたみんなも、帰りには仲良くなって「次はどこに行く？」なんて話に！

診断153 わかるのは… ケンカのときにやりがちな態度

Ⓐ 意固地になる
向こうから仲直りのサインを出しているのに、おもわず知らないふりをしたりしそう。もっと素直になって!

Ⓑ 友だちをさける
学校に行く登校時間をずらしたり、仮病を使ったりして友だちをさけそう。仲直りのチャンスを自分でつぶさないで!

Ⓒ かげ口を言う
「こんなことをされたんだよ。性格悪くない?」なんて、ほかの友だちの前でペラペラしゃべりそう!?

診断154 わかるのは… 友だちとモメがちな原因

Ⓐ 物の貸し借りのルーズさ
大切にしているものを、無理に貸し借りしてよごしちゃったり、借りたまま返さなかったり。仲のいい者同士でもマナーは守ろう。

Ⓑ 大切な人の悪口を言われる
好きな人や家族のことをけなしたり、けなされたりすることがモメる原因に。軽いじょうだんでは済まなくなるかも。気をつけて。

Ⓒ 意見がぶつかる
考え方や意見がちがったとき、頭から否定するような態度はひかえて。いろいろな見方があるんだなと相手の意見も尊重しよう。

診断155 わかるのは… 友だちと同じ人を好きになったとき

A 身を引く
争いごとがきらいなあなた。友だちと同じ人を好きになったら、だまって自分から身を引きそう。

B 勝負する
正々堂々と戦いたいあなたは、友だちに「どっちが勝っても、うらみっこなしね！」と宣言してカレにアタック！

C カレに任せる
大人っぽくてクールなあなたは、"そういうこともあるよね"とあまり動じないかも。選ぶのはカレだと思っているみたい。

D 友だちを出しぬく
友情より恋を優先しそうなあなた。ライバル登場となると、友だちをさし置いて、好きな人にちゃっかりアプローチをするかも!?

友情心理テスト

診断156 わかるのは… 仲直りの方法

A 人に相談する
人に話すと、自分だけじゃ思いつかないアドバイスがもらえそう。自分の気持ちも整理できるね。

B 手紙を書く
直接話すとうまく言えないことも、落ち着いて手紙に書くと言葉にできるね。気持ちは通じるよ！

C 時間が経ったら話し合う
最初はおたがいに頭に血がのぼっていても、時間が経てば、自分のよくないところも見えてきそう。

気になるトモのことをテストしよう

あなたが指さした絵は？

目をつぶって、自分の名前を唱えながら、絵を指さしてね。
次に、目を閉じて、気になる友だちの名前を言いながら絵を指さして。1回目と2回目はそれぞれ何の絵だった？

A 1回目がケーキ、2回目がドリンク

B 1回目がドリンク、2回目がケーキ

C 2回ともケーキ

D 2回ともドリンク

このテストの診断は184ページだよ

どこで撮った写真？

気になる友だちのことを考えながら答えてね。大人になったあなたが部屋の中を整理していたら、その友だちとのなつかしい写真が出てきたよ。どこで写したんだっけ？

A カフェ

B 観光地

C 教室

D 街でとったプリ

このテストの診断は184ページだよ

診断157 わかるのは… 友だちとの相性

A 相性パーフェクト！
相性は最高！ いっしょにいるとイイことが起こる確率が高いよ。楽しいだけじゃなく、おたがいの足りないところをおぎない合えるのもスバラシイ！

B 相性◎
相性はバッチリ。性格はちがうけど、趣味や考え方が似ていてイイ感じ。たとえ今仲良くなくても、小さなきっかけで親友になれそう！

C 相性○
相性は悪くないよ。ふつうに遊んでいるぶんにはいいけど、深くつき合うと、かみあわない部分が出てきそう。秘密は打ち明けないほうがいいかも。

D 相性△
相性は今ひとつ。いっしょにいるとムカッとすることが多いかも!? 成長して2人が大人になったら、気が合うようになる可能性があるよ。

診断158 わかるのは… 10年後の2人の関係

A グループで女子会
同窓会ノリでみんなで集まる仲。ランチや女子会などで集まって情報をこうかんしたり、元のクラスの男子のうわさなどで盛り上がるよ。

B たまにれんらくを取り合う
会う機会は少ないけど、ときどきはげまし合ったり、相談に乗ったりするみたい。程よいきょり感で続いていく関係だね。

C 一番の親友
進む道はちがっても、ほかのだれともちがう友情をはぐくんでいるよ。あの子だけは理解してくれていると思えるね。

D たまに思い出す仲
ときどき、なつかしく思い出すみたい。いっしょに行動することはなくなっちゃったけど、心の中ではずっと友だちだよ！

テスト159 プレゼントをくれそうな子は？

次のA～Dのプレゼントをくれそうな友だちの名前を挙げてみて。

- Ⓐ ボディコロン
- Ⓑ かわいいポーチ
- Ⓒ ヘアピン
- Ⓓ かおりつきカラーペン

友情心理テスト

テスト160 友だちが選んだあなたの色は？

気になる友だちに、「あなたをイメージさせる色」を選んでもらってね。

Ⓐ グリーン　　Ⓑ パープル　　Ⓒ イエロー　　Ⓓ レッド

テスト161 友だちはなんと言った？

ふみ切りの向こうに、あなたが気になる友だちがいるよ。彼女はあなたを見つけて、なんと言った？

- Ⓐ 「待ってて！すぐ行くね！」
- Ⓑ 「会えるなんて思わなかった！」
- Ⓒ 「なんか音がうるさくて！」

このテストの診断は186ページだよ

診断 159 　わかるのは… 友だちにとってのあなた

- **A　あこがれの存在** …おしゃれでセンスがあるとあこがれているよ。
- **B　いやされる存在** …いてくれると安心するみたい。
- **C　楽しい存在** …ノリがよくて、いっしょに遊ぶと楽しい存在。
- **D　個性的な存在** …ほかの友だちとはちがう、オリジナルな相手。

診断 160 　わかるのは… 友だちが好きなあなた

- **A　やさしさ** … グリーンは、かんようさや保護を意味するよ。友だちはあなたのやさしいところが好きみたい。
- **B　センスのよさ** …パープルは、芸術的才能を意味するよ。おしゃれでセンスのよいところが好きなのね。
- **C　頭のよさ** … イエローは、知性やどうさつ力を意味するよ。頭がよくてクールなところが好きみたい。
- **D　明るさ** …レッドは、エネルギーや積極性を意味するよ。明るくて人気者なところが好きなんだね。

診断 161 　わかるのは… 友だちがあなたに望むこと

- **A　親友でいてほしい** …ずっと一番の親友だと思っていてほしいみたいだよ。友だちはあなたのことが大好きなんだね！
- **B　かがやいていてほしい** …いつまでもかがやいていてほしいみたい。あなたは友だちにとって、あこがれの存在なんだね！
- **C　話を聞いてほしい** … 友だち自身の話も聞いてほしいみたいだよ。どうやらあなたは、自分のことばかり話しちゃっているようだよ。

テスト162 友だちは神さまになんて言う?

「あなたが落としたのはこの指輪ですか?」。湖の中から、神さまがダイヤの指輪を持って現れたよ。気になる友だちなら、なんて答えそう?

- **A**「はい、それです!」
- **B**「いいえ、ちがいます」
- **C**「それだったかも!?」

友情心理テスト

テスト163 虫はどこに落ちた?

森の中を散歩していたら毛虫が落ちてきたよ。虫は、気になる友だちのどこに落ちたと思う?

- **A** 頭
- **B** うで
- **C** 背中
- **D** かた

このテストの診断は188ページだよ

診断162 わかるのは… 友だちの口のかたさ

A 口は軽いほう
友だちは秘密を守れずに、話しちゃいそうなタイプだね。悪気はないんだけど、ノリが軽いから大切な話は言わないほうがよさそう。

B 口はかたいほう
だれにも言わないでねということは、どんなことがあってもほかのだれかにしゃべったりしないよ。安心して相談して。

C 口をすべらせそう
おしゃべりではないけど、ついつい口をすべらせちゃうタイプ。しつこく問いただされると根負けして話しちゃう場合も。

診断163 わかるのは… 友だちがイヤがること

A うそをつかれること
うそは人を傷つけるから、言いにくいことがあっても、ごまかさずに正直に話したほうがいいよ。

B しつこいこと
イヤだと言っているのに、しつこく何度もたのんできたり、同じネタでからかったりするのはやめようね。

C 約束を破ること
とくに、日にちを決めて遊びにいく約束をしたのに「用事ができたから」って簡単に言うのはいけないよ。

D 借りたものを返さないこと
つい忘れちゃったりするけど、あなただから大事なものを貸してくれたのかも。感謝して返そうね。

テスト164 友だちを飲みものに例えたら？

気になる友だちを飲みものに例えてみよう。次のどれだと思う？

- Ⓐ クリームソーダ
- Ⓑ オレンジジュース
- Ⓒ コーラ
- Ⓓ イチゴシェイク

友情心理テスト

テスト165 友だちのどの指からぬる？

気になる友だちの指にマニキュアをぬってあげるとしたら、どの指からぬってあげる？

- Ⓐ 小指
- Ⓑ くすり指
- Ⓒ なか指
- Ⓓ 人さし指
- Ⓔ 親指

このテストの診断は190〜191ページだよ

診断164 わかるのは… 友情が深まるスポット

A 生きものとふれ合える場所

小さな動物園など、うさぎやモルモットをだっこできるところや、牧場で子ウシと遊ぶのもよさそう。あらためて友だちのやさしさに気づかされることもありそうだよ。

B 体を動かして遊べる場所

体育館やスポーツセンター、近所の公園やアスレチックガーデン、プールなどで遊ぶのもいいね。友だちといっしょにあせをかいて遊ぶことで、キズナが深まるよ。

C 楽しく学べる場所

図書館や博物館などがおすすめ。いっしょに好きな本を読んだり、勉強を教え合ったりしているうちに、友だちとのきょりが縮まりそう。博物館で体験型学習に参加するのも◎。

D ハイテンションで過ごせる場所

遊園地やゲームセンターがいいね。クレーンゲームでゲットした賞品をオソロでカバンにつければ、友情が深まることうけあい。ゲームでおこづかいを使いすぎないように注意して。

診断165 わかるのは… おすすめのおそろいグッズ

友情心理テスト

A リップクリーム

くちびるにぬるものは、とっても親密感があるアイテム。なくなるたびに選ぶのも楽しいし、新しいものを手にすれば友情もリフレッシュ。

B ティッシュケース

いつも持ち歩けるし、使うときや、出すたびに友だちのことを身近に感じられるね。かわいいケースで、おたがいのテンションも上がりそう。

C 写真立て

自分の机の前にあって、いつもいっしょ。2人の思い出のツーショットの写真をかざれば、さらに仲良しに!

D ペンケース

いっしょに勉強をするときに並べておけば、やる気も勉強運もアップ!2人でこっそりとメモをこうかんしあうのも◎。

E ジュエリーボックス

大好きなアクセサリーや大事なものを入れる箱だから、おたがいを大切に思う気持ちが深まるよ。2人だけの宝物を入れておくものいいね!

診断166 わかるのは… それぞれの友だちの存在

A かけがえのない存在

王子さま役に選んだ子は、あなたにとって、なくてはならない存在。顔やスタイルがよくて、おしゃれのセンスもバツグン。あなたにとってあこがれの存在でもあるから、いっしょにいるだけで幸せなんだね！

B たよりになる存在

ふだんはあまり目立たないけど、ここぞというときに助けてくれるありがたい存在。いつもそれとなく目配りして、めんどうな役も引き受けてくれるよね。何かとたよられて大変な子なので、あなたもその子のやさしさに応えてあげてね。

C 守りたい存在

シンデレラ役に選んだ子は、あなたにとって守ってあげたい存在。いつもいっしょうけんめいだから、困っていると放っておけないよね。要領が悪かったり、なかなか周りから評価されなかったりするけど、あなたはその子の本当のよさを理解しているみたい。

D ライバル的存在

まま母役に選んだ子は、あなたにとってライバルの子。とてもパワフルで、強引にみんなを引っ張っていくタイプみたいだね。ただ、自分の考えが一番正しいと思っているところもありそう。苦手な面もあるけど、学ぶところもありそうだよ。

わかるのは… それぞれの子から学べるところ

友情心理テスト

Aのあなた
Aを選んだあなたが、テスト166でそれぞれ答えた子から学べることは？

- **Aの子** だれとでもバランスよくつき合える方法を学べるよ。
- **Bの子** 冷静な相手からは、人を見る目を学べそう。
- **Cの子** かわいらしい相手から、じょうずなあまえ方を学べるよ。
- **Dの子** 反面教師的存在。カノジョのイヤな面をまねしないことで、あなたは人気者に！

Bのあなた
Bを選んだあなたが、テスト166でそれぞれ答えた子から学べることは？

- **Aの子** かがやいている相手から、おしゃれセンスを学んで。
- **Bの子** たよれる相手から、人のためにつくす喜びを学べそう。
- **Cの子** その子のしぐさや言葉を研究して。愛されるコツを学ぼう。
- **Dの子** はっきりとした相手から、言うべきことはしっかり言う態度を学べるよ。

195

みんなで楽しむ心理テスト

友だちといっしょに、ワイワイ楽しみながらできる問題を6つしょうかいするよ。あなたと友だちの答えを、比べっこしてみるのもイイネ。

テスト168 最初に見つけたまちがいはどれ?

上と下の絵で、まちがいを5つ探してね。さて、あなたが最初に見つけたまちがいは、次のうちどれ?

Ⓐ 木　Ⓑ カゴ　Ⓒ パン　Ⓓ トリ　Ⓔ カップ

このテストの診断は199ページだよ

テスト169 箱の大きさは？

プレゼントが入った箱をもらったよ。箱の大きさはどれくらいか、手で表してみて。

友情診断

テスト170 「パ」がつく食べものは？

「パ」がつく食べものといえば、次のうち、どれ？

Ⓐ パン　Ⓑ パイナップル　Ⓒ パフェ　Ⓓ パセリ

Ⓔ そのほか

テスト171 友だちといっしょにタッチしたら？

友だちと「せーの!」で、おたがいに軽くボディタッチしてみて。さわったのは友だちのどの部分？

Ⓐ かみの毛
Ⓑ 顔
Ⓒ 右うで
Ⓓ 左うで
Ⓔ 背中
Ⓕ こしから下

このテストの診断は199〜200ページだよ

197

テスト172 写真に写る顔は?

「写真を撮るよ。はい、チーズ!」 あなたと友だちは、どんな顔をした?

- A キメ顔
- B ヘン顔
- C 笑顔

あなた	A	A	A	B	B	B	C	C	C
友だち	A	B	C	A	B	C	A	B	C
判定	★	☆	◎	☆	△	◎	☆	◎	★

テスト173 ぐうぜん会った人は?

休日に外出先でクラスメートにバッタリ会ったよ。次の場所でだれと会ったのか、そこから思い浮かべる人の名前を言ってみて。

- A コンビニ
- B ショッピングモール
- C 公園
- D 焼き肉店
- E 電車かバスの中
- F 映画館
- G 山の頂上

このテストの診断は200ページだよ

診断168 （わかるのは…）今、何を考えている?

A 好きな人のこと
「カレと学校をぬけ出してデートしたいなあ」なんて、妄想してたりして!?

B お腹すいた!?
とくに何も考えてなさそう。「お腹すいたなあ」とか「トイレ行きたい」とか?

C 欲しいモノのこと
服や文ぼう具など、ほしいモノのことをボーッと考えているみたい。

D なやみごと
何か小さなトラブルをかかえていて、そのことばかり気になってるみたい。

E 楽しい!
今、すごく楽しいと感じているよ。ワイワイさわいでる時間が好きなんだね。

友情診断

診断169 （わかるのは…）精神年令

箱が小さいほど精神年令は高く、大きいほど幼いよ。消しゴムサイズの人は精神年令30才以上、ペンケースサイズは大学生、雑誌サイズは中学生、スイカサイズは小学生、それより大きい人はようち園児。両手をいっぱい広げた人の精神年令は赤ちゃん並みかも!?

診断170 （わかるのは…）むっつりスケベ度

A むっつりスケベ度 **20%**	Hなことはあまり考えないみたい。
B むっつりスケベ度 **35%**	平気でHなことを言うわりに、興味はない?
C むっつりスケベ度 **90%**	頭の中はHな想像でいっぱいかも!?
D むっつりスケベ度 **50%**	好きな人ができるとHなことを考えるように!?
E むっつりスケベ度 **77%**	苦手なフリでも、耳年増でHの知識は豊富!

診断171 わかるのは… 友だちのあこがれポイント

- **A** おしゃれセンス
- **B** 明るい性格
- **C** 頭のよさ
- **D** やさしさ
- **E** たよりになるところ
- **F** フットワークのよさ

診断172 わかるのは… 私たち、何コンビ?

★ ライバルコンビ
2人は似た者同士。笑いといかりのツボが同じだから気が合うけど、ケンカも多いよ。似ているだけに、いいライバル関係にもなれそう。

☆ まんざいコンビ
2人はボケとツッコミのまんざいコンビ。性格もノリもちがうけど、いっしょにいると周囲を笑わせられるよ。お笑いコンビを組んでみては?

◎ 親友コンビ
おたがいの欠点を補い合う理想のコンビ。いっしょにいるとホッとするし、前向きな気持ちになれそう。仲良し2人組だね。

△ 天然コンビ
どちらもユニークで天然な性格。おもしろいことが大好きで 2人で盛り上がれるけど、ときどき同じボケをかましてしまいそう。

診断173 わかるのは… クラスメートの印象

A 親しみやすくて気軽に話せる
"あまり気をつかわなくも平気"と思ってるみたい。

B オシャレだけど少し複雑!?
流行にビンカンで、大人っぽい面と子どもっぽい面の両方を持つ複雑な人。

C なんとなくいやされそう
よくわからないけど、ホッとするみたい。ゆっくり話してみて。

D 元気がよくて声が大きい
性格は単純そうだけど、ちょっぴりセクシーかも!?

E いっしょにいると楽しそう
いいなとは思うけど、意外とマイペースなところがありそう。

F 自分の考えを持っている
しっかりとしていて、何かヒミツがあるように見えるナゾの人物。

G 将来大物になりそう
フツーに話していても、どこか特別なムードがただよっている!?

Part.4

ワクワク★未来の私がわかっちゃう!

未来心理テスト

5年後のあなたから
20年後のあなた、
あなたに合う仕事のタイプや
結婚相手のことなど、
未来の自分が見えてくる!?

診断 174 わかるのは… 学んでおきたいこと

A 才能を広げるためには語学を学ぶのがイチバン！

B 雑学があなたの才能をのばすよ。本をたくさん読もう！

C マナーを学び、身につけることで才能が花開きそう！

※未来心理テスト

「いろいろな本を読んでみるといいかもね」
「本か！最近読んでないかも」

テスト 175

遊園地で人気アトラクションの列に並んだあなた。前に何人いる？

「そうだなぁ」
「12人」

どっちを選ぶ？

あてはまるほうを選んで、矢印に沿って進んでね。

① スタート！
願ったら、本当につき合えるとしたら？
- 本物のアイドル ⇒ **②**
- 今リアルに好きなカレ ⇒ **③**

② 片想いのカレとのアクシデント発生！どっちがいい？
- 無人島に2人でひょうちゃく ⇒ **④**
- 遠足中に2人で迷子 ⇒ **⑤**

③ いるといいのは？
- イケメンのしつじ ⇒ **⑤**
- やさしく万能なメイド ⇒ **⑥**

⑤ どっちの恋のパターンがいい？
- いろいろな人と恋したい ⇒ **⑧**
- 1人の人と末永く ⇒ **⑨**

⑥ 大人になってやってみたいのは？
- ひとり旅 ⇒ **⑨**
- エステ ⇒ **⑩**

このテストの診断は208ページだよ

強運ハッピーになるか、ツキなしになるかは、これからのあなた次第!?

診断177 わかるのは… 将来の姿〜強運ハッピー人生編

診断A 芸能界でかつやくしセレブに
街でスカウトされて芸能界入り。だいたんな性格と運の強さで映画デビューをはたしたあとは、青年実業家と結婚。はなやかなセレブとして、いつも注目される日々だよ。

診断B 海外の大金持ちと結婚
道を聞かれたのがきっかけで、日本語ペラペラの王子さまみたいな海外の大金持ちと結婚。豪邸でぜいたくな暮らしをまんきつし、かわいい子どもにもめぐまれて超幸せな現代版シンデレラ!

診断C 好きなことを仕事に
好きなことをやっているうちに、プロになり大成功! 価値観が合う美形アーティストの夫と遊び心いっぱいの自由な毎日を送るよ。1年の3分の1は海外のべっそう暮らしかも!?

診断D 独立して大成功
一流企業で勤めたあと、独立して始めたショップが大成功。誠実なイケメンダーリンとの暮らしも順調で、温かい家庭を築くよ。子どもたちがゆうしゅうなのも、ほこらしいね!

診断178 わかるのは… 将来の姿〜ツキなし恋愛編

診断A 結婚にあせり気味
そこそこモテてたのに、理想が高すぎて、相手を選んでいるうちに気がつけばアラサー。同級生は結婚ラッシュ。あせって婚活パーティーに参加するも、年下女子が人気で敗北気分。

診断B 早くもバツイチ
流されタイプのあなたは強引にくどかれ、よく考えずに結婚。相手がロクでもなくてアッサリ離婚。かわいいので、バツイチになってもさそいは多いけど、まただまされそう!?

診断C ドライな恋愛事情
夢中になると恋より仕事。カレを放置してしょうめつ…のパターンが多いよ。性格が似ている恋人ができるけど、おたがい仕事や趣味を優先して、あまさはゼロ。さみしいかも!?

診断D 彼氏いない歴こうしん中
マジメでひかえめな性格がわざわいして年令=カレシいない歴をこうしん中。二次元の恋人はいるけどリアルメンズはちょっと苦手。友だちや親に心配される日々を送っているかも!?

テスト179 いどをのぞいたら?

春の野原でいどを発見したよ。中をのぞいたら?

- Ⓐ 自分の顔がうつっていた
- Ⓑ すんだ水が豊かにたまっていた
- Ⓒ かみどめを落としちゃった

テスト180 ハマったゲームは?

ハマっちゃって、やめられなくなりそうなゲームは何?

- Ⓐ モンスターを集めるゲーム
- Ⓑ 動物たちが理想の村をつくって暮らすゲーム
- Ⓒ アイドル育成ゲーム

テスト181 手をふっている人の服装は?

ふと見ると、遠くで手をふっている人がいたよ。
その人の服装は?

- Ⓐ スーツ
- Ⓑ エプロン姿
- Ⓒ 白いワンピース

このテストの診断は210ページだよ

診断179 わかるのは… 5年後のあなた

A キレイに大変身
おしゃれや美容に興味シンシン。今よりずっとかわいくキレイに変身していそう!

B 目標にまっしぐら
やりたいことが見つかって、それに向かって努力している真っ最中!

C 恋に夢中
好きな人を追いかけたり告白されたり、恋に夢中になっているときだよ。

診断180 わかるのは… 10年後のあなた

A 運命的な恋の最中
運命的な恋をしている予感。リア充だけど、ときには切ないこともありそう。

B 自由気ままな毎日
海外旅行をしたりフリーターをやったり、自由でお気楽な日々を送っていそう。

C 仕事にまいしん中
やりたい仕事についてバリバリ働いているよ！　カレシはいたりいなかったり。

診断181 わかるのは… 20年後のあなた

A 仕事で大成功
仕事で成功しているよ。独立して会社を作ろうか、思案中みたい。

B 家族と幸せに
結婚して子どもがいるよ。幸せなお母さんになっていそう!

C 仕事と恋の両立中
ただ今、婚約中。しばらくは仕事と家庭を両立するつもり。

スクリーンに映ったのは？

家電量販店に行ったら、おくにきょだいなスクリーンがあったよ。今、何が映っている？

A 海とサンゴしょう

B クイズ番組

C アーティストのライブ

D 時代劇

未来心理テスト

このテストの診断は212ページだよ

Ⓐ 調理場のアルバイト

ちょっときんちょうしやすいところがあるあなたは、接客よりもバックヤードでの仕事がおすすめ。ファストフードやファミレスの調理場なら楽しく働けそう! 料理も覚えられるよ。

Ⓑ レジ打ちのアルバイト

マジメでものおぼえがよさそうなあなたは、コンビニのバイトがおすすめ。身近な仕事だし、マニュアルがきちんとしているから安心だよ。スーパーのレジ打ちもいいね!

Ⓒ イベント関係のアルバイト

笑顔と度胸があるあなたは、キャンペーン・PRスタッフのバイトがピッタリ! ポイントカードのかんゆうをしたり、サンプルを配ったりする仕事で、かわいい制服が着られるかも!?

Ⓓ 接客業のアルバイト

れいぎ正しくてマナーが身についているあなたは、カフェやファミレスの店員さんがおすすめ。年令が似ているアルバイトスタッフと友だちになれたり、おいしいまかないも楽しみ!?

テスト183 "銭を投げる"って、どう思う？

テレビの時代劇で"悪人に銭を投げてやっつけている岡っ引き"が映っていたよ。それって、どう思う？

A あたったらイタそう!

B 投げるなら私に欲しい!

C お金の使い方としてサイテー!

未来心理テスト

テスト184 ネコがいなくなったのはどこ？

かわいいネコを見かけたあなた。あとをつけていったら、とつぜん消えちゃった。ネコを見失ったのはどこ？

A お店の間の路地

B おやしきの前

C 公園

このテストの診断は214ページだよ

将来のお金持ち度

A お金持ち度 30%
あたったらイタい、という金属としてしかお金を見ていないあなた。お金持ち度は低め。

B お金持ち度 60%
お金をムダに投げているように見えるあなたの感想は、わりとふつう。お金持ち度は通常レベル。

C お金持ち度 80%以上
お金の価値をキチンと認識し、お金に対するしゅうちゃくがあるあなた。お金持ち度は高め。

将来に住む場所

A 都会のオシャレな場所
人気のある街に住みそうな予感。ショッピングに便利でおしゃれな店がある都会のマンションが、あなたの住まい。

B 古都や歴史のある場所
歴史のある土地に住むことになるかも!? もしかしたらローマやギリシャなど、海外の古都に住む可能性もあるね。

C 自然が豊かな場所
海の近くや高原など自然がいっぱいある場所に住みそう。空気がすんでいて星がきれいに見える、心いやされる場所がイイみたい。

テスト 185 貴重な花のかおりは？

森の中に、100年に一度だけ、さくという花があるよ。
どんなかおりだと思う？

A ミルクのかおり

B ミントのかおり

C ビターチョコのかおり

未来心理テスト

テスト 186 小人の持ちものは？

森を散歩していると、小人に出会ったよ。
小人が持っていたものは何？

A ふえ

B シャベル

C 地図

このテストの診断は216ページだよ

診断 185 現在の才能開花率

A 才能開花率 **30%**
赤ちゃんをイメージさせるミルクのかおりを選んだあなた。才能はまだ開花し始めたばかり。これからゆっくりと能力が目覚めていくはず!

B 才能開花率 **60%**
青春をイメージさせる、さわやかなミントを選んだあなた。今得意なことをそのままのばしていけば、将来、かつやくできる人に!

C 才能開花率 **90%**
のうこうな大人をイメージさせるビターチョコを選んだあなた。すべての能力がほぼ目覚めているみたい。もしかして、すでに有名人!?

診断 186 未来のあなたからひと言

A「私、今こんなに幸せよ!」
自分の思い描いていたとおりの素敵な未来が待っていそう!

B「ちゃんと努力して! 未来の私からの忠告」
うーん、ちょっと心配。でも、努力すれば未来は明るいってことだよ!

C「いろいろ大変だったけど、だいじょうぶ。安心して」
毎日を大切に、一歩一歩進んでいくことが大切なんだね!

テスト187 給水所は何か所ある?

ハーフマラソンの世界的な大会に、ちょうせんすることにしたよ。とちゅう、水が飲める給水所は何か所あると思う?

- A 1か所
- B 2～3か所
- C 3か所以上

テスト188 水のほかに欲しいものは?

マラソンはやっぱり大変……!
給水所で、水のほかにもらいたいものは何?

- A フルーツ
- B 栄養ゼリー
- C ピザ

テスト189 話しかけてきたのはだれ?

国際色豊かなマラソン会場で、あなたに話しかけてきた人はだれ?

- A 外国の選手
- B 外国の観光客
- C 日本のイケメン男子

このテストの診断は218ページだよ

診断187 わかるのは… あなたに合った働き方

A 若いうちにバリバリ
学校を卒業してから25～27才くらいまでは熱心に働きそう。ことぶき退社の可能性が高いよ。

B 転職もアリの自由な働き方
20代で一度退職後、子どもの手がはなれたら再就職するなど、働き方は自由な感じ。

C 定年までバリバリ
20代前半から定年までバッチリ働きそう。やりがいのある仕事につけそうだね。

診断188 わかるのは… 仕事でかがやくポジション

A リーダー役
判断力と行動力があるあなたは、リーダー的な役目でかがやける人だよ。

B トップ
大局的＆戦略的に行動できるあなたはトップの器。女性CEOを目指しては？

C サポート役
めんどうみがいいけど、のんびり屋のあなたは、サポートする役割がピッタリ！

診断189 わかるのは… 仕事でのグローバル度

A グローバル度 90%
海外で大かつやくできそうな予感。将来は外国にオフィスをかまえて、日本と行ったりきたりかも！？

B グローバル度 60%
仕事で海外転勤になったり、外国人と結婚して海外暮らしになるかも。外国とえんは遠くないみたい。

C グローバル度 30%
海外より、国内でかつやくできる人だよ。あなたにとって海外は働くより、旅行や遊ぶためにあるみたい。

ワンペアのカードは？

トランプでポーカーをしたよ。
ワンペアになったカードのマークはなんだった？

- A スペード
- B ダイヤ
- C ハート
- D クラブ

春を感じる出来事は？

今日はとても心地よい日。
あなたが春の訪れを感じた出来事は、次のうち、どれ？

- A 花のつぼみを見つけた
- B 虫や生きものを見つけた
- C 暖かい風を感じた

このテストの診断は220ページだよ

仕事で向いている世界

A クリエイティブな世界
スペードが表すのは風。風のように自由な発想ができる、クリエイティブな分野に向いているよ。デザイナー、ゲーム関係、美容師、作家、まんが家などが◎。

B 資格や安定がある世界
ダイヤが表すのは大地。どっしりと安定した仕事が向いているよ。公務員、教師、医師、大地をたがやす農家にも向いているよ。

C 感性やセンスが必要な世界
ハートは水を表すよ。感性豊かな音楽家、ダンサー、声優などがピッタリ! せんさいな味覚が必要なパティシエや料理研究家にも適性がありそう!

D はなやかで目立つ世界
クラブは火を表すカード。はなやかな仕事に適性があるので、女優、タレント、アナウンサーが◎。ほかにもスポーツ関係の仕事でもかつやくできそう!

向いている職場

A 大企業
大きな組織で力を発揮できるタイプだから、有名な大企業に向いているよ。あこがれの海外で働いたり、素敵なオフィスが職場だね!

B 自分が経営者になる
常識にとらわれないユニークな発想ができるあなたは起業家タイプ。会社をおこしたり、自分の店を持つとよさそう!

C フリーランス
自分を解放することで成功するあなたは、フリーランスの仕事が向いているよ。カメラマンやライターなどがおすすめ。

実験で用意した器具は？

理科の実験で、あなたが用意した器具は、次のうちどれ？

- A ビーカー
- B フラスコ
- C シャーレ
- D 試験管

初めて料理をつくるときは？

初めての料理にちょうせんすることにしたよ。まず、始めることは？

- A 図書館で本を借りる
- B スマホで調べる
- C お母さんに教えてもらう

お店のメインカラーは？

いつも通る道に、かわいいお店がオープンしたよ。お店のメインの色はどれ？

- A グリーン
- B レッド
- C イエロー
- D オレンジ

イヌのお世話で大変なのは？

家でイヌを飼うことにしたよ。家族みんなでお世話に入わらわ。一番大変だったのは？

- A 病気になったとき
- B 子どもが生まれたこと
- C しつけ
- D なつかないこと

このテストの診断は222ページだよ

★未来心理テスト

診断192 会社の仕事で向いているのは?

- **A** 社交的で明るく、感じがいいあなたは、営業に向いているよ。
- **B** しんちょうできちょうめんなあなたは、経理や人事方面がいいね。
- **C** マメで計画性のあるあなたは、秘書や営業事務など、ほさ的な仕事が◎。
- **D** アイデアが豊富でユニークなあなたには、企画や広報が適任だよ。

診断193 先生になるなら?

- **A** 学校の先生 … 小学、中学、高校の先生や、ようち園や保育園の保母さん、大学の先生の可能性もあるよ。
- **B** 洋風の教室の先生 … ピアノ、ダンス、おかし、フラワーアレンジメントなど、洋風の教室の先生になりそう。
- **C** 和風の教室の先生 … 茶道、華道、着つけ、書道など、和風のおけいこごとを教える先生になりそう!

診断194 開業で成功するには?

- **A** フラワーショップ … 結婚式や特別な日に、お花でいろどりをそえてあげて。
- **B** ケーキ店 … おいしいケーキで大人気。幸せなあまさでみんなを幸せに。
- **C** カフェ … オシャレでかわいいあなたの店は、恋人たちのデートスポットに。
- **D** 雑貨&アクセサリー … センスのいいあなたの店は、プレゼントに最適な品ぞろえで評判。

診断195 生きものに関する仕事なら?

- **A** じゅう医 … 心やさしいあなたは、病気を治すじゅう医さんになれるよ。
- **B** ブリーダー … しんらいできるあなたは、出産や育成に関わるブリーダーに。
- **C** トレーナー … 頭のいいあなたは、しつけや指導に関わるゆうしゅうなトレーナーに。
- **D** ペットショップ … 社交的で好奇心おうせいなあなたは、カリスマ店員になれそう。

物置にあったものは？

遊びに行ったおじいちゃんの家の裏庭に、古い物置があったよ。ふと中に入ってみて、最初に目についたものはなんだった？

A 古い時計　**B** 防災グッズ　**C** 大きな鏡

金バッジの模様は？

金色のバッジといえば……あなたが思いつく模様は何？

A 桜の花　　**B** 天秤　　**C** 金貨

カレンダーの日付は？

日めくりカレンダーがパラパラとめくれて、ある日付が目にとまったよ。何月何日？

A 5月5日　**B** 10月10日
C 11月3日

スーパーで最初に買ったものは？

あなたは結婚したばかりの大人の女性。スーパーに行って、最初にカゴに入れたのは、次のうち、どれ？

A くだもの　**B** 肉
C 野菜　　　**D** 調味料

未来心理テスト

このテストの診断は224ページだよ

診断196 わかるのは… 人を助ける仕事なら？

A ふくしの仕事 … かいごふくし士やケアマネージャーなど、かいごや人のサポートをする仕事が合っているみたい。

B 命を助ける仕事 … 人を助けたいと強く願うあなたには、医師や看護師、消防士など、命を助ける仕事にえんがあるよ。

C 心をいやす仕事 … 聞きじょうずなあなたは、りんしょう心理士、カウンセラー、うらない師など、人の心をいやす仕事が◎。

診断197 わかるのは… 正義をつらぬく仕事をするなら？

A 国民を守る仕事 … 婦人警官、自衛官、消防士などで正義感を発揮して！

B 法律関係の仕事 … 弁護士、検事、裁判官、司法書士などの法律関係を目指して！

C 国民の生活を支える仕事 … 国税局、会計かんさ院、地方公務員などで正義をつらぬこう！

診断198 わかるのは… 体を動かす仕事なら？

A 体力勝負の仕事 … 建築関係の仕事や野菜づくりなどの体力重視の仕事で、働く喜びを実感できそう！

B スポーツ関係の仕事 … スポーツ選手、ヨガやエアロビなどのインストラクターに適性がありそう！

C 体で表現する仕事 … ダンサーやパフォーマーなど、体を使って表現するアーティスティックな仕事がいいね！

診断199 わかるのは… 衣食住に関する仕事なら？

A 旅行関係の仕事 … ツアーコンダクターや旅行代理店などに適性があるよ。

B 住居にまつわる仕事 … 家の設計や不動産関係の仕事をすると成功しそう。

C 交通関係の仕事 … 鉄道や航空会社など、交通機関にまつわる仕事が向いていそう。

D 料理関係の仕事 … フードコーディネーターやシェフなどの仕事がピッタリ！

拾ったのはどんな貝がら？

はまべで拾った貝がらに、
形容詞をつけるなら？

- Ⓐ 花びらのような
- Ⓑ つやのある
- Ⓒ 純白の
- Ⓓ 不思議な形の

花火が上がったときのあなたは？

神社の夏祭りに来たよ。ドーン
と大きな最初の花火が上がった
とき、あなたは何をしていた？

ウォータースポーツにちょうせんするなら？

夏休み、ずっとやりたかったウォータースポーツに、やっとちょうせんすることにしたよ。そのスポーツとはどれ？

- Ⓐ ダイビング
- Ⓑ ジェットスキー
- Ⓒ サーフィン

何うらないが得意？

あなたは街で評判の人気うらな
い師。何でうらなうのが得意？

- Ⓐ タロットカード
- Ⓑ 手相
- Ⓒ 霊感

このテストの診断は226ページだよ

未来心理テスト

診断200 わかるのは… オシャレに関わる仕事なら？

- **A メイクアップアーティスト** … 手先が器用で人当たりのいいあなた。女の子たちを素敵に変身させてね。
- **B モデル** … キレイを目指すあなたなら、みんなを魅了する、あこがれの人になれそう。
- **C スタイリスト** … ハイセンスなあなたにぴったりなお仕事。芸能人とお仕事もできるかも!?
- **D デザイナー** … 飛びぬけた発想力で、海外でのコレクションでもかつやくできる可能性アリ!

診断201 わかるのは… 有名人になるなら？

友だちとおしゃべりしていたという人は、芸能人に向いているみたい。トーク力を生かした司会も得意そうだね。神社でお参りしていたという人は、政治家に向いているよ。みんなの幸せのためにガンバって！　夜店を散策しているなど、そのほかの人は、今までにない発見や発明をする学者や研究者に適性があるみたい。

診断202 わかるのは… 芸能人になるなら？

- **A 俳優** … 人の心の深さを知って、自分なりの個性的な表現ができそう。
- **B アイドル** … どこかはなやかなあなたなら、みんなの視線をくぎづけにできそう。
- **C タレント** … トークのひきだしをたくさん持っていそうなので、バラエティに◎。

診断203 わかるのは… クリエイティブな仕事をするなら？

- **A 映像関係の仕事** … アニメやゲームクリエイターなど、まさに時代のトレンド、映像系の仕事が合っているね!
- **B 出版関係の仕事** … イラストレーターや写真家など、才能豊かなあなたには出版関係の仕事がよさそう!
- **C 音楽関係の仕事** … ミュージシャンや作曲・作詞家など、音楽系のアーティストがピッタリ!

マイクの代わりに持つものは？

友だちとカラオケに行ったよ。ウケねらいで、マイクの代わりに手で持って歌うとしたら、次のうちどれ？

 バラの花　　Ⓑ えんぴつ
Ⓒ カラオケのリモコン

 ## グリーティングカードを送るなら？

引っこしして、はなれてしまった友だちに、メッセージつきのカードを送ることにしたよ。あなたがこだわるのは、どこ？

Ⓐ 字のきれいさ　　Ⓑ カードのセンス　　Ⓒ 切手

 ## お城はどっちにある？

今夜は楽しみにしていたぶとう会。会場となるお城は、どの方向にある？

Ⓐ 東　　Ⓑ 西　　Ⓒ 南　　Ⓓ 北

 ## あなたが深く感動したのは？

あまりにも深く感動して、終演後すぐに席を立てなかった場所はどこ？

Ⓐ シネコン　　Ⓑ お笑いのぶたい
Ⓒ コンサート会場

未来心理テスト

このテストの診断は228ページだよ

診断204 わかるのは… 音楽に関する仕事をしたいなら？

A ミュージシャン … 劇的な演出が得意なあなたは、ステージの上に立って、みんなを魅了しちゃうよ。

B 作詞家や作曲家 … えんぴつを選んだあなたなら、大勢の人の心に残る素敵な歌が作れそう。

C 音楽プロデューサー … たくさんの楽曲をあなたのセンスでプロデュースして、大ヒットを飛ばしそう!

診断205 わかるのは… ゲームに関する仕事をしたいなら？

A グラフィックデザイナー … 観察力があり、器用なあなたには、キャラクターや背景を描く仕事がいいよ!

B プランナー … ユニークな発想ができるあなたには、きかくを考えるプランナーか、シナリオライターが◎。

C サウンドクリエーター … 流行にびんかんで、才能豊かなあなたは、BGMや効果音をつくる仕事がいいよ。

診断206 わかるのは… 出版に関する仕事をしたいなら？

A しっぴつ関係 … 論理的で想像力豊かなあなたには、小説家やライターが向いているかも!?

B デザイン関係 … 本の装丁や雑誌のデザインを手がけるブックデザイナーがおすすめ!

C イラスト関係 … センスのいいあなたには、イラストレーター、まんが家の才能があるかも!?

D 編集者 … リーダーシップがあるあなたは、本をプロデュースする編集者を目指そう!

診断207 わかるのは… 映像に関する仕事なら？

A 映画の仕事 … 芸術志向が強いあなたには映画関係が◎。目指すはかんとくやプロデューサーだね!

B テレビの仕事 … いつも周囲のことを考えているあなた。みんなが楽しめる番組をつくってね!

C 裏方の仕事 … 照明や録音などのスタッフに適性があるよ。有名アーティストのしんらいも厚いよ。

背中に乗りたいトリは?

おとぎ話の主人公になったあなた。トリの背中に乗って、ぼうけんの旅に出ることに。乗せてくれるのはどんなトリ?

Ⓐ ツバメ　　Ⓑ ガチョウ　　Ⓒ ワシ

未来心理テスト

このテストの診断は232ページだよ

テスト209 街を歩いていたら？

好きな男の子のことを考えながら、街を歩いていたあなた。すると……？

- A ティッシュをわたされた
- B 学校に着いた
- C 街頭インタビューされた
- D 広告が描かれたバスが通った

テスト210 人魚の子が苦手な魚は？

人魚の女の子と友だちになったあなた。その子には、どうも苦手な魚がいるらしいんだけど、次のうちどれ？

- A サメ
- B タコ
- C マグロ

このテストの診断は232～233ページだよ

写真は何枚とった?

素敵なバラ園で記念写真をとったよ。
何枚写せば、満足のいく写真がとれると思う?

A 3枚以内　　**B** 4〜7枚　　**C** 8枚以上

未来心理テスト

このテストの診断は233ページだよ

診断208 結婚相手の年令

A 年下のかわいい人
ちょっとたよりないところもあるし、あまえっ子だけど、イザというときは男らしく、あなたを守ってくれるヨ。

B 同い年の友だちみたいな人
ハマったゲームや、熱心に見たドラマなど、同じ年代ならではの話題も豊富。なんでも話せる楽しい関係だよ。

C 年上のたよれる人
知らないことをたくさん教えてくれるし、素敵なデートもコーディネイトしてくれるね。あなたをおひめさま気分にしてくれそう。

診断209 結婚相手の仕事

A 技術勝負の仕事
美容師、医師、まんが家など、うで一本で勝負する仕事についている人と結婚しそう。

B けんじつな仕事
公務員や教師、サラリーマンなど、"かたい仕事"のメンズが結婚相手になりそう。

C マスコミ系の仕事
カメラマン、編集者、TV局の社員など、マスコミ関係の仕事をしていそう。

D 経営者・オーナー
会社経営者など実業家か、カフェやフラワーショップなどのオーナーと結婚するかも!?

結婚までのハードル

Ⓐ 両親の反対にあう
どちらかの両親が結婚に反対!? しんぼう強く説得すればゴールインできるよ。

Ⓑ カレがゆうじゅうふだん
結婚の約束をしたのに、カレがフラフラと迷いそう。カレの友だちや両親を味方につけて!

Ⓒ 仕事がいそがしい
あなたかカレの仕事がチョーいそがしくて、結婚がのびのびに!? 家庭との両立、がんばって!

 結婚年令

Ⓐ 25才まで
早く素敵な男の子にめぐりあえそうだね! 若い2人はみんなから祝福されるカップルになりそう!

Ⓑ 26才から30才まで
自分のやりたいことにもちょうせんしつつ、キャリアも積んでから結婚。ごうかな結婚式&新婚旅行になりそう!

Ⓒ 31才以上
大人の目でしっかりと相手を選んでの結婚だよ。おたがいを尊重できる、素敵なカップルになりそう!

テスト212 メダリストが学校に来たら？

あなたの学校のせんぱいが、オリンピックで金メダルをとったよ！　もし、せんぱいが卒業生として学校に来たら、あなたならどうする？

- A プレゼントや手紙を用意する
- B めいいっぱいオシャレしていく
- C とくに何もしない

テスト213 「結ぶ」といえば？

「結ぶ」という言葉で、あなたがしっくりくるのは、次のうちどれ？

- A 手と手を結ぶ
- B 人と人を結ぶ
- C リボンを結ぶ

このテストの診断は236ページだよ

月の宮殿にあるものは?

とっても広い、かぐやひめが住んでいる月の宮殿。その広大なしき地の中にあるものは?

- **A** なぜか高層ビル
- **B** 湖みたいな温泉
- **C** きょだいな神殿
- **D** 竹林

家が真っ暗なのは?

あなたがじゅくから帰ったら、家の明かりが消えて真っ暗になっていたよ。どうして?

- **A** あなたの誕生日を祝うドッキリ
- **B** 部屋を暗くして星空観察
- **C** 結婚記念日で両親がお出かけ

このテストの診断は237ページだよ

診断212 玉のこし度

A 玉のこし度 **90%**
ものおじすることなく積極的で、自分を売りこむことをちゅうちょしないあなたは、そのガッツで玉の輿もゲットできる!

B 玉のこし度 **70%**
それなりの格好をしていれば、目立つという自信があるあなた。結婚相手に選ばれる自分もあるみたいだね。

C 玉のこし度 **40%**
背のびをせずに、ナチュラルに生きたいあなたの玉のこし度は低め。同じく自然体のいっぱんの人とゴールインするかも!?

診断213 おすすめの結婚式のプラン

A レストランウェディング
手作り感◎でおいしいレストランウェディングがピッタリ! 評判のシェフが一生の想い出に残る料理をつくってくれるよ。

B 伝統的な和風婚
伝統的な結婚式がしっくりきそう。ゆいしょある神社で挙式をしたあと、大勢を招いてホテルか邸宅で披露宴が最高!

C 海外ウェディング
ロマンチックなあなた。海をのぞむチャペルやヨーロッパの教会で挙式をすれば、現地の人々からも祝福されそう!

診断214 おすすめのハネムーン先

A 海外の有名都市
ハネムーンはパリ、ロンドン、ローマ、ニューヨークなど、海外の有名な都市に行きそう。ショッピングも楽しみ!

B 美しい島でリゾート
ハワイ、モルジブ、バリなど、海外の美しい島が新婚旅行先。水上コテージでカレとのんびりスイートに過ごすかも!?

C 世界遺産をめぐる
エジプトのピラミッド、ペルーのマチュピチュ、オーストラリアのエアーズロックなど、世界遺産を訪ねる旅になるかも!?

D 国内観光でリゾート
ハネムーンは沖縄、北海道などの国内リゾートで、お気楽に過ごしそう。出雲、箱根など、しぶいチョイスをする人も!?

診断215 あなたがつくる家庭

A あたたかい家庭
笑いのたえない、あたたかい家庭をつくりそう。キャンプや記念日旅行など、家族イベントが多くて、楽しみがいっぱい!

B 個性を尊重する家庭
家族はみんな仲良しだけど、それぞれの個性を尊重する家庭をつくりそう。子どもを海外に留学させたりして、才能をのばすかも!?

C 夫婦のキズナが強い家庭
家族の基本は夫婦。あなたと夫を中心に、しっかりした家庭を築くよ。夫婦仲が◎だから、子どもたちも素直に育ちそう。

幼なじみのもも太郎にあなたは?

あなたともも太郎は、仲のいい幼なじみ。
オニ退治に向かうもも太郎に、あなたはどうする?

A イヌ、キジ、サルのだれかが裏切らないか、チェックする

B お弁当をつくって持たせる

C オニの宝をおみやげにね、と念をおす

このテストの診断は240ページだよ

テスト217 なかなか育たないまほうの花は？

願いがかなうという、まほうの花の種をまいたあなた。
なかなか育たない花だけど、ある日ふと見てみると……？

A とつぜん花がさいた

B ふた葉が出てた

C たくさんの芽が出た

※未来心理テスト

テスト218 雨の日に子ネコを見つけたら？

雨が降る公園で、弱々しく鳴く子ネコを見つけたよ。
あなたなら、どうする？

A 連れて帰る

B 動物病院、交番などに相談

C 気になるけど、そのまま

このテストの診断は240ページだよ

診断216 わかるのは… どんな妻になる?

A しっかり者の妻 … あなたがしっかりとサポートしているから、だんなさまも安心だね! 周りの評価も高いよ。

B やさしい妻 … あなたの気づかいにだんなさまもいやされそう。リラックスできるから、家が大好きになるかも!?

C あまえんぼうの妻 … 何でもだんなさまにたよりがちだけど、あなたの喜ぶ顔見たさに、ダーリンもがんばってくれそう!

診断217 わかるのは… 子どもは何人できる?

A 子どもは1人 … 大きくなったらいっしょに洋服を選んだり、ライブに行ったりする仲良し親子になりそう。

B 子どもは2人 … 2人とも親孝行で、母の日やあなたの誕生日には、かわいいカードを書いてくれそうだよ。

C 子どもは3人以上 … 育てるのは大変だけど、将来が楽しみ。きょうだいで助け合ってみんなでワイワイ、楽しい家族になりそう。

診断218 わかるのは… どんなお母さんになる?

A やさしいお母さん
小さくて弱いものを放っておけないあなたは、とってもやさしいお母さん。でも、ときには感情に流されない判断も大切。

B めんどうみのいいお母さん
勉強や習いごとも熱心に見てあげる、めんどうみのいいお母さん。子どもからもたよりにされて、いろいろ相談されそう。

C しっかりしたお母さん
できることと、できないことをわかっているあなたは、しっかり者のお母さん。子どもに意見をおしつけたりもしないよ。

Part.5

ハラハラ★対人関係がわかっちゃう!

対人心理テスト

家族が喜ぶこと、せんぱい・こうはいとの
じょうずなつき合い方、
先生のあなたへの評価など、
気になる対人関係がわかるんだ!

診断219 わかるのは… **本当にピンチのとき、たよりになる人は?**

* 対人心理テスト

ダイヤだったよ
ぴら

Ⓐ 絶体絶命のときに助けてくれるのは恋人
Ⓑ 最後にたよれるのは、やっぱり家族
Ⓒ 先生など目上の人が力になってくれそう
Ⓓ ピンチのときにたよりになるのは友だち

ミナちゃんにとっては家族がたよりになるみたい♡

家族…

テスト220 **家の人からたのまれた用事は?**

Ⓐ ペットのお世話
Ⓑ 調味料の買いもの
Ⓒ 近所へのれんらくごと

どっちを選ぶ?

あてはまるほうを選んで、矢印に沿って進んでね。

1 スタート！
家族のみんなを
イヌかネコに例えると、
どっちが多い？
イヌ ⇒ **2** へ
ネコ ⇒ **3** へ

2 お父さんは
キャンプや
つりが好き？
Yes ⇒ **4** へ
No ⇒ **5** へ

3 お母さんは
あなたにとって、
友だちみたい？
Yes ⇒ **5** へ
No ⇒ **6** へ

5 家族旅行に行くと、
一日の
スケジュールは…
予定ギッシリ！ ⇒ **8** へ
わりとのんびり
⇒ **9** へ

6 子どもから見て、
旅慣れた親だと思う？
Yes ⇒ **9** へ
No ⇒ **10** へ

このテストの診断は248ページだよ

診断 222 わかるのは… **家族で楽しめるリゾート地**

A 高原か山のリゾート

自然が大好きな家族だね。みんなアクティブで、体を動かすのが得意だから、スポーツを楽しめる高原や山のリゾートがおすすめ！スキー、トレッキング、乗馬や渓流釣りなどで盛り上がりそうだよ。家族の結束も強まりそう！

B テーマパークリゾート

刺激的で楽しいことが大好きな家族だね。全員がワクワク盛り上がれるのは、アトラクションがいっぱいのテーマパークや遊園地のあるリゾート。大人も子どもも、まるで小さなころにもどったみたいに、むじゃきに楽しめるはず！

C 海外ビーチリゾート

混雑しているところより、静かでのんびりした場所にひかれる家族だよ。ご両親ともに旅慣れてセレブな感じだから、ハワイやバリなどの海外ビーチリゾートがおすすめ！エメラルドグリーンの海にいやされて、家族全員がシアワセ気分に！

D なんでもそろったリゾートホテル

個性的な顔ぶれの家族みたい。好みや趣味がちがうから、なんでもそろったリゾートホテルが最高だよ。温泉、プール、テニスコートにショッピングモールなど、それぞれが好きなことをできるし、食事はいっしょでハッピーだよ！

テスト223 宿選びのこだわりは？

久々の家族旅行に行ったよ。宿を選ぶときに、両親がこだわるのはどこ？

Ⓐ 景色・見晴らし　　Ⓑ 食事・サービス

Ⓒ 部屋・館内施設

テスト224 宿が建っているのはどこ？

泊まることになった宿は、どんなところに建っている？

Ⓐ 森の中　Ⓑ 海につき出たみさき　Ⓒ 街の中心部

◆ 対人心理テスト

このテストの診断は250ページだよ

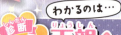

診断223 わかるのは… 両親へのオススメのプレゼント

A いやしグッズ
いいかおりのする入浴剤やせっけん、バスキューブ、マッサージ用品を選ぶとよさそう。

B 食べものに関すること
グルメで食に関心の深いご両親なので、話題のお店のスイーツや、新発売の食べものをチェック!

C 形に残るもの
台所用品やエプロン、かわいい日用雑貨のほか、家事に使う便利グッズもおすすめだね。

診断224 わかるのは… 母の日・父の日にそえるひと言

A 健康を気づかう言葉
「体に気をつけて元気でいてね!」とそえれば、「いい子に成長したな」と、ご両親もハッピーに!

B 感謝を伝える言葉
「いつも大事にしてくれてありがとう」と感謝の気持ちをそえると、ご両親も感動でウルウル!?

C 将来に向けて前向きな言葉
「来年は入試だからがんばって勉強するね」など、先を見すえた言葉を伝えれば、ご両親も安心!

テスト225 子どものころの両親は？

とつぜんタイムスリップしたあなたは、子どものころのお父さんとお母さんを発見！2人は何をしていた？

Ⓐ クラスやクラブ活動でかつやくしていた

Ⓑ みんなで楽しそうに遊んでいた

Ⓒ 先生にしかられていた

対人心理テスト

テスト226 まじょが下りた屋根は？

まじょになって、ほうきで空を飛んでいたあなた。空模様があやしくなってきたので、近くの家の屋根に下り立ったよ。どんな屋根だった？

Ⓐ とんがりぼうしのような屋根

Ⓑ 古いかわら屋根

Ⓒ マンションの屋上

このテストの診断は252ページだよ

251

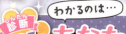

あなたの親への本音

A あこがれ
「大人になったら両親みたいになりたい」とあこがれているよ。両親を尊敬しているし、たよりにしているみたい。

B 友だちみたい
ご両親のことを「友だちみたい」と心の中で思っているよ。なんでも話せるし、心を許しているんだね。

C たよりないかも？
「ウチの親、ちょっとたよりないかも!?」というのがあなたの本心。でもご両親は、仕事に家事にがんばっているんだよ。

親とケンカしたときのあなた

A 話さない・関わらない
親とケンカしたときは、自分の部屋に閉じこもったり、しばらく口をきかなくなるパターンが多そう。

B カッとおこって素直に謝る
激しく言い争うけど、冷静になって自分が悪いと思えば「さっきはごめん」と素直に謝りそう。

C 親を冷静に観察する
腹が立ちすぎると、逆に冷静になりそう。親のことを"感情的だな"と観察したりしているよ。

声をかけたのはだれ？

せんぱいといっしょに街を歩いていたら、急に呼び止められたよ。それはだれ？

Ⓐ 街頭インタビューをしている人
Ⓑ 新製品のしょうかいをしている人
Ⓒ 手相見をしている、うらない師の人

 ## 子イヌの目の前に穴が!?

あなたのペットの子イヌが、あなたを見つけて、かけ寄ってきたよ。でも、目の前には穴が……！子イヌはどうした？

Ⓐ 穴を飛びこえた
Ⓑ 穴の前でストップ
Ⓒ 穴に落ちた

対人心理テスト

このテストの診断は254ページだよ

227 年上に好かれるつきあい方

A 元気のよさをアピール
あいさつや返事をハキハキするだけで、やる気のあるカワイイこうはいだ、って思ってもらえるよ。

B とにかくほめる
「わたしもせんぱいみたいになりたい」と、何かにつけてホメると、目をかけてもらえるはず！

C たよりにする
なやみごとなどを話すと、「しんらいされているんだな」とうれしく思い、大事にしてもらえそう。

228 年下に好かれるつきあい方

A カッコいいところを見せる
いいところを見せて、あこがれのせんぱいの位置をキープして。こうはいからは、いつも尊敬される存在になれるよ。

B フレンドリーに接する
友だちのように、フレンドリーに接するといいみたい。気さくで話しやすいせんぱいとして、こうはいたちの人気者になれそう。

C めんどうを見る
落ちこんでいるときにはげましてあげたり、いろいろとフォローしてあげよう。きっと、みんなからしたわれるせんぱいになれるよ。

目の前に現れた風景は?

林間学校で散策路を歩いていると、とつぜん目の前に、ゆうだいな景色が広がったよ。景色は次のうち、どれ?

Ⓐ 大きな山

Ⓑ 空にかかるにじ

Ⓒ 小鳥がさえずる森

※ 対人心理テスト

夏の合宿の思い出は?

夏休み中、クラブ活動の合宿で、南の島に行ったよ。あなたの一番の思い出は何?

Ⓐ すな浜でビーチバレー

Ⓑ シュノーケリング

Ⓒ ダイビングにちょうせん

うらないの結果が悪かったら?

友だちが、うらないの本を持ってきたよ。うらなってもらったら、最悪の結果が出ちゃった……。どう思う?

Ⓐ 遊びだし、ま、いっか

Ⓑ 言われたことに気をつける

Ⓒ かなり落ちこみそう

このテストの診断は256ページだよ

255

診断229 わかるのは… せんぱいからのあなたへの評価

A クールなこうはい…判断力があり、冷静だと思われているよ。うわさにおどらされないクールさで、一目置かれているよ。

B ムードメーカー…みんなをやる気にさせ、笑顔にするムードメーカー。まとめる力もあるので、欠かせない存在みたい。

C かわいいこうはい…お調子者でドジだけど、愛されキャラのこうはいみたい。みんなを心配するやさしいところもあるね。

診断230 わかるのは… せんぱいとのつき合いの深さ

A 浅いつき合い…せんぱいとは立場がちがうし、えんりょがちになりそう。つき合いも、表面的な感じかも!?

B 今だけのつき合い…今は、友だちみたいに盛り上がることもあるけど、それも今だけ? 卒業したら会うこともなさそう。

C 深いつき合い…学ぶことが多くて、せんぱいのおかげでたくさん成長できそう。長くて深いつき合いになりそう。

診断231 わかるのは… せんぱいからイジワルされたら?

A 忘れる…気にしないのがイチバン。せんぱいも人間。きげんが悪いときもあるからね!

B 自分をふり返る…自分にも悪いところがなかったか、自分の行いを見直してみるといいかも。

C ほかの人に相談する…ほかのせんぱいや友だちに相談しよう。なぐさめてもらえばスッキリ!

テスト232 あなたの前世は？

まほうの鏡にうつった、あなたの前世の姿は？

- Ⓐ いたずら好きのようせい
- Ⓑ 馬にまたがった女騎士
- Ⓒ マリアさまのような聖母

テスト233 ため息はどこから聞こえた？

ふいにため息が聞こえてきたよ。どこから聞こえてきた？

- Ⓐ とびらのおく
- Ⓑ かべの向こう
- Ⓒ 後ろの席

テスト234 サーカスで印象的なのは？

サーカスを見に行ったあなた。印象に残ったのは、次のうちどれ？

- Ⓐ 空中ブランコ
- Ⓑ 自転車に乗るクマ
- Ⓒ なごませるピエロ

このテストの診断は258ページだよ

診断232 こうはいからのあなたへの評価 （わかるのは…）

A 楽しいせんぱい…明るくて個性的、いっしょにいるといつも笑わせてくれるせんぱいだと思われているよ。

B カッコいいせんぱい…クールで冷静、頭がよくてなんでもできちゃう、カッコイイせんぱいだと思われているよ。

C やさしいせんぱい…どんなことでも相談に乗ってくれる、たよりがいがあり、やさしいせんぱいだと思われているよ。

診断233 なやんでいるこうはいへの対処法 （わかるのは…）

A 気分てんかんにさそう…「何か食べにいっこか?」とさそって、こうはいの心をほぐしてあげるといいよ。

B かんきょうを気づかう…ほかのこうはいに「落ちこんでそうだから気をつけてあげて」と声をかけておこう。

C なやみを聞く…「何かなやんでるの?」とストレートにたずねてみよう。「じつは……」と話し始めるはず。

診断234 こうはいへのアドバイス （わかるのは…）

A 欠点をしてきする…直したほうがいい点をハッキリと言ったあとで、「期待しているよ」とはげまそう。

B まずはほめる…最初に「いつもがんばっているよね」とほめてから、問題点をアドバイスするといいよ。

C 体験談を話す…「私は前に、こんなことがあって」などと、自分の体験を交えたアドバイスが◎。

テスト235 最初に買ったパーティーグッズは？

パーティーを開くことになったので、グッズを買いにきたよ。あなたが最初に買ったものは何？

Ⓐ ぼうし、かつらなどの**かぶりもの**

Ⓑ クラッカーなど音の**出るもの**

Ⓒ お皿やコップ、**部屋のかざりつけ**

テスト236 感動して泣いたのは？

久しぶりに、すごく感動して泣いちゃったよ。あなたを感動させたものは何？

Ⓐ 映画

Ⓑ スポーツ中継

Ⓒ 本・マンガ

このテストの診断は260ページだよ

せんぱい・こうはいへのよせがきの描き方

🅐 イラストを描く
イラストを中心に描くと、あなたらしさが出て好印象だよ！ キメとなる絵をいくつか練習しておけばいいね。

🅑 カラフルにデコる
カラーペンで何色も使ってカラフルに。ポップでかわいい字でメッセージを書けば、みんなにウケるよ！

🅒 スタンプやシールを使う
スタンプやシールを使うと、あなたの個性が光りそう。メッセージのあとに使うのが、遊び心いっぱいでステキ！

お別れするせんぱい・こうはいへひと言

🅐 感謝の言葉
「ありがとう」という感謝の言葉をストレートに送ることで、相手の心に強くひびくはず！

🅑 おうえん・エール
「かつやくを期待している」などの相手への思いやりに満ちた言葉が、評価を上げるよ。

🅒 素直で感動させる言葉
「忘れないで」などのウェットで素直なひと言が、相手をジーンと感動させるよ。

最後のセリフは何？

次のまんがの4コマめのふきだしに合うセリフをA～Dの中から選んでね。

Ⓐ「私もサラダにしようかな」
Ⓑ「お腹がすいたから、カツ丼にする！」
Ⓒ「だいじょうぶ、よくかめば太らないって」
Ⓓ「えー、ヤセてるじゃん」

このテストの診断は262ページだよ

わかるのは…
診断237 先生があなたに期待しているところ

A みんなの手本になる

ひかえめで協調性のあるあなた。先生はそんなあなたに、みんなの手本になるようにふるまってほしいみたい。先生にはきちんと敬語で話したり、宿題や提出物を忘れずに出すなど、基本的なことをしっかりやることで、クラスを正しく導きたいのかも!?

B 率先して発言する

いい意味で空気を読まない、フリーダムなあなた。先生は、あなたの正直な発言をたよりにしているかも。クラスでの話し合いの場面などで、だれも発言しないときや、表面的な結論に落ち着きそうなときは、ぜひ意見を言おう。あなたの本音で場の空気を活性化して!

C 友だちのフォローをする

前向きで、明るいふんいきを作り出すのがうまいあなた。先生はあなたに、気になる生徒のフォローをしてほしいと思っているみたい。転校生など、クラスになじめない人や落ちこんでいる子をはげますのが、あなたの役割なのかも!? 先生はあなたをたよりにしているよ。

D リーダーシップをとる

反射的にフォロー発言をしたあなた。先生はあなたのリーダーシップや、フットワークのよさをたよりにしているみたい。運動会や文化祭などのクラスのイベントで、機転を利かせて動いてほしいようだよ。「〇〇がダメならこれは?」「今すぐやります」が決めゼリフ!

休日の先生の行動は?

休みの日に街を歩いていると、ぐうぜん先生を見かけたよ。
先生は何をしていた?

Ⓐ ランニング
Ⓑ 映画を観ていた
Ⓒ 自分の子どもと
公園で遊んでいた

◆ 対人心理テスト

あなたでもできそうな
マジックは?

マジシャンに弟子入りしたあなた。どんなマジックがあなたの得意分野になるかな?

Ⓐ 客の目の前で
ひろうする
カードマジック

Ⓑ ぼうしから
ハトが出る
楽しいマジック

Ⓒ ぶたいの上で人を消す
イリュージョンマジック

このテストの診断は 264ページだよ

263

診断238 わかるのは… 先生のあなたへの評価

A まじめで素直な子
責任があることも安心して任せられる子だと思っているよ。"周りを立てることもできる大人な子" だという評価もあるかも。

B 個性的な子
マイペースなところがあるけど、その個性で"もしかして将来大バケするかも!?"と思っているよ。期待しているみたい。

C 明るく元気な子
いつも前向きで、おおらかなところがいいと思っているよ。このまままっすぐに育ってほしいと思っているんだね。

診断239 わかるのは… 先生を感激させる方法

A ていねいに書いた手紙
まじめで何事にもいっしょうけんめい取り組むあなた。先生への感謝の気持ちや思っていることなどを手紙にしたためよう。

B サプライズなこと
楽しいことが好きなあなた。おもしろいことを企画して、みんなでやってみて。クラスがひとつになるのを見て、先生も感激!

C 得意なことをがんばる
大きな夢を持っていそうなあなた。得意な分野をのばして、才能を花開かせることが先生を感激させる一番の方法。

Part.6

ルンルン★オシャレのヒケツがわかっちゃう!

オシャレ心理テスト

テンションがあがるコーディネートや、
オススメのヘアアレンジ、
魅力(みりょく)アップの色など、
あなたのオシャレ度をアップする
方法(ほうほう)がわかるね!

診断 241 わかるのは… あなたにぴったりの美容法

A 間食を減らす、バランスよく食べるなどの食事法

B スキンケア、ボディケアなど、はだのお手入れ

C ツヤとフンワリ感のあるかみを目指すヘアケア

い、今はやめとこうかな

……

テスト 242 あなたがあこがれるモデル。特技は何?

A フランス語
B 茶道
C 落語

B かな?

268

ゲームセンターに行ったよ。あてはまるものを答えてね。

テスト243 最初にやりたいのはどれ？

テスト244 男の子とやりたいゲームはどれ？

テスト243と244共通の答えだよ。
- A クレーンゲーム
- B シューティングゲーム
- C メダルゲーム
- D ドラムマシーン
- E ダンスゲーム
- F もぐらたたき
- G プリクラ
- H タッチ系音楽ゲーム

このテストの診断は272〜273ページだよ

テンションアップ&デートコーデ

最初にやりたいゲームはテンションアップコーデ、男の子とやりたいのはデートにおすすめのコーデだよ。

A ガーリー

花がらやギャザーなど女の子らしさを強調したファッションがトキめくよ。ホワイトを基調にしたコーデにモヘアのベレーぼうやフェルトのハットをかぶるのも◎。

B クール

グレーやシャーベットなど寒色系カラーや黒を主体にしたクールなコーデがいい感じ。オトナっぽい感じでテンションが上がるし、モテそうな予感！

C トラッド

スクールガール風のトラッドなコーデが安心&気分よくお出かけできるよ！　カーディガンにリボンタイ、タータン模様のプリーツスカートなど、キチンと感で男子の好感度もアップ！

D カジュアル

ダボシャツやパーカーにサロペットなどの気軽なオシャレで、お出かけ気分が盛り上がるよ。ゴツめのサンダルやブーツでさらにカジュアル度をアップ！　男の子にも人気だよ！

E ロック

黒を基調にしたからめでカッコイイコーデに、メタル系のアクセや革のアイテムをつけると無敵な気分に。スタッズつきのくつやバッグで、さらにテンションが上がりそうだよ!

F スポーティー

シンプルでスッキリしたスポーツブランドのコーデで、元気モリモリ。ロゴ入りトレーナーにロールアップしたデニム、キャップ、バスケットシューズなどを合わせて楽しくね!

G スイート

レースのトップスにフレアスカートなど、ふわっとしたかわいいコーデでアゲアゲ気分に。あまめの女の子らしさに、上品さをプラスした感じが自信をあたえてくれそう!

H ボーイッシュ&ポップ

デニムのショートパンツにニットぼうなど、ちょっとボーイッシュなコーデで、テンションアップ!ビタミンカラーのポップな色を使えば、さらにワクワク感アップ!

♪ オシャレ心理テスト

診断 245 わかるのは… 気合いを入れたいファッションアイテム

Ⓐ バッグ類
バッグ類に気合いを入れると、おしゃれじょうずに見えるよ。ショルダー、リュック、ポシェット、トートなど、シーンに合わせて使い分けてね!

Ⓑ くつした類
ソックスやタイツなど足元のおしゃれに気合いを入れてね。流行に合わせたくつした類を選ぶと、あなたの印象が、はなやかに変わりそう!

Ⓒ 首まわりのアイテム
ネクタイ、ストール、マフラーなど首まわりのファッションアイテムに力を入れるといいよ。いい感じに目立っておしゃれじょうずに!

診断 246 わかるのは… 気合いを入れたいワンポイントアクセ

Ⓐ イヤリング・ピアス
イヤリングをつけると、表情がかがやきそう。ゆれるアイテムがおすすめ!

Ⓑ ネックレス・チョーカー
首もとにポイントを置くと、かわいさがアップするよ。気合いを入れたいアクセはネックレスだね。

Ⓒ ブレスレット
ブレスレットなど、手首につけるアクセに気合いを入れると、あなたのかわいさが光るよ!

宝石をつくるなら？

テスト247

あなたは宝石デザイナー。宝石を好きなだけ使っていいと言われたら、どんなネックレスを作る？

♪ オシャレ心理テスト

A カラフルで ゴージャスな デザイン

B ダイヤ 1つぶだけの シンプルな デザイン

C パールがメインの デザイン

D 花やチョウを モチーフにした デザイン

このテストの診断は276ページだよ

診断 247 わかるのは… オススメのヘアアレンジ

A 三つ編みアレンジ

三つ編みアレンジがおすすめ。両サイドのかみを少し取って三つ編みにして、後ろでまとめてバレッタやピンでとめて。ロングの人は三つ編みにしたかみを両サイドで巻いて、おだんごにするのもステキ。はなやかで知的な印象になるよ！

B ポニーテールアレンジ

ポニーテールアレンジが魅力的。頭の後ろの高い位置で結んだり、左右どちらかの耳の後ろで１つにまとめてみて。シュシュやリボンをつけると、シックで大人っぽい印象になるよ。

C ハーフアップ

ハーフアップが、やさしい印象を引き立ててくれるよ。両サイドのかみを半分だけとって頭の後ろでまとめて、かざりつきのヘアゴムで結んで。ショートヘアの人は前がみを分けて、かざりピンでとめると◎！

D ふんわりアレンジ

ロングの人もショートの人も、カールしたふんわりアレンジのかみ型がピッタリ！　カーラーやこてを使ってゆるく巻いて、スタイリング剤をつけて。おじょうさまっぽくて、かわいいふんいきになるよ！

テスト248 忘れてきたものは?

修学旅行に来たあなた。
うっかり忘れてきたのは?

- Ⓐ けしょうポーチ
- Ⓑ ハンカチ
- Ⓒ 旅のしおり

♪ オシャレ心理テスト

テスト249 ネコは何びき?

手持ちの紙にネコの絵を描いて。何びき描いた?

- Ⓐ 1ぴき
- Ⓑ 3びき
- Ⓒ 4ひき以上

テスト250 このトリに、がらをつけるなら?

トリに好きながらをつけてみて。

- Ⓐ 花がら
- Ⓑ チェック
- Ⓒ 水玉

テスト251 カレンダーはどのタイプ?

今、あなたが愛用しているカレンダーは、どのカレンダー?

- Ⓐ 壁掛け型
- Ⓑ 卓上型
- Ⓒ 手帳のカレンダー

このテストの診断は278ページだよ

277

診断248 わかるのは… オシャレ度

きれいになるためのけしょうポーチを忘れたあなたは、ただ今**オシャレ度ダウン**中。女子の身だしなみアイテム・ハンカチを忘れたあなたの**オシャレ度はふつうレベル**。美容と無関係のしおりを忘れたあなたは**オシャレ度高め**。服の着こなしもバッチリかも!?

診断249 わかるのは… 魅力アップのがら

- **A ボーダー**…大きめのボーダーがらが、おおらかなあなたにピッタリ。
- **B チェック**…ちょっと個性的なセンスが生きるよ。
- **C ドット**…モードなふんいきのあなたには、小さな水玉模様が◎。

診断250 わかるのは… 魅力アップのかおり

- **A フローラル系**…女子力高めのあなたには、フローラルなかおりがステキ!
- **B かんきつ系**…さわやかなあなたには、レモンなどがイイネ!
- **C シャボン系**…せいじゅんなあなたには、シャボンのかおりがピッタリ!

診断251 わかるのは… 魅力アップのモチーフ

- **A 動物**…ウサギ、ネコなどが幸運と女子力をアップ!
- **B 神秘的なもの**…スカル、十字架などが幸運と魅力をアップ!
- **C 植物**…花やクローバーなどがラッキー&魅力的!

あなたの外見は?

あなたの外見に当てはまるものを、次から選んでね。いくつあるかな?

- ♥ 色が白い
- ♥ ひとみが茶色い
- ♥ 大人っぽい
- ♥ 銀より金が似合う
- ♥ なでがた

チャレンジするダイエットは?

ダイエットをすることにしたよ。さて、何から始めよう?

- Ⓐ 運動
- Ⓑ 食事制限
- Ⓒ おふろで半身浴

バトンは何色?

運動会のリレーでぜったいに勝てる、まほうのバトンの色は?

- Ⓐ ゴールド
- Ⓑ ラベンダー
- Ⓒ シルバー

カレにつくるお弁当は?

カレのためにお弁当をつくっちゃおう!どんなお弁当にする?

- Ⓐ おにぎり弁当
- Ⓑ サンドイッチ
- Ⓒ キャラ弁

♪ オシャレ心理テスト

このテストの診断は280ページだよ

279

診断252 わかるのは… 魅力アップの色

♥4つ以上♥
パステルカラー
明るいピンクやレモン色など、パステルカラーが魅力的!

♥2〜3つ♥
ビタミンカラー
赤、オレンジなど、ハッキリとしたビタミンカラーが魅力的!

♥1つ以下♥
寒色
青、緑、グレーなど、クールな寒色系を身に着けるとステキ!

診断253 わかるのは… 魅力アップのぼうし

- **Ⓐ ボーイッシュなもの** …キャップやキャスケットなどがぴったりだネ!
- **Ⓑ やわらか素材のもの** …ニットやベレーぼうなど、やわらかい素材のぼうしがよく似合うよ!
- **Ⓒ つばのあるもの** …ピタッとしたぼうしより、つばのあるハットが魅力的に見せてくれるよ!

診断254 わかるのは… 魅力アップのくつ

- **Ⓐ かちっとしたくつ** …ローファーや厚底ブーツなどの正統派でかがやくよ!
- **Ⓑ オシャレなくつ** …サンダルや低めのパンプスなどのかわいいくつが◎!
- **Ⓒ 歩きやすいくつ** …スニーカー、スリッポンなど活動的なくつがいいね!

診断255 わかるのは… 魅力アップのネイルシール

- **Ⓐ 花模様** …やさしいふんいきのあなたにはオススメだね!
- **Ⓑ ラインストーン** …おしゃれでクールなあなたにぴったり!
- **Ⓒ 動物がら** …キュートなあなたには、かわいらしさが大切だよ!

ハッピーをゲットする
おまじない

☆おまじない

これまでやってきた心理テストで、自分の心のおくがわかったかしら？
心の声に耳をすませて、よりよい毎日を送るとともに、
もっとハッピーに過ごすためのおまじないをしょうかいするよ。

恋愛運をアップする

Part.1でおこなった恋愛に関する診断は、あくまで"今"のあなたのじょうきょう。たとえ、期待したとおりではなくても、時間とともに結果は変わることがあるよ。でも、今すぐに恋愛運をアップさせたいときは、次の3つのおまじないを試してみよう。

出会い運がアップする

部屋の窓際にDVDプレーヤーなどの音の出るものと、ミネラルウォーターの入ったペットボトルを並べて置いてね。これだけで風水パワーが発動して、出会い運がアップ！

気になるカレと両思いになる

あなたのイニシャルと、好きなカレのイニシャルをハンカチの4つのすみに、こうごに書こう。それをいつも、カバンの中に入れておいてね。両思いになる強力なおまじないだよ!

恋が長続きする

月のキレイな夜、とうめいなビンやコップの中に、金色のクリップを2つ重ねて入れて窓辺に置こう。翌日、1つのクリップをカレにわたして、もう1つはあなたがお守りがわりに持っていて。恋が長続きするよ。

自分をパワーアップする

Part.2で診断した自分に関するテストは、どうだった？ 当たっていた？ それともこれまで知らなかった自分の才能や心のおくが見えたかしら？ より自分に力をつけるためのおまじないをしょうかいするよ。

☆おまじない

♠ 成績を上げる ♠

エンピツに油性のボールペンで知識の神さま、ヘルメスのしょうちょう「☿」のマークを描こう。そのエンピツを使って勉強した教科は、成績がみるみるアップ！

♠ 強い子になれる ♠

まず、公衆電話を見つけ出して。電話の受話器を取らずに、そのまま「1・5・9」をゆっくりプッシュ！ 数字はそれぞれ"パワー""幸運""向上心"を表す数字だよ。どんな逆境にも負けない子になれるはず。公衆電話は駅に設置してあることが多いよ。

友だちとうまくいく

Part.3では、今のあなたにピッタリの友だちとのじょうずなつきあい方を
しょうかいしたよ。友だちを増やしたり、友だちと仲直りしたり……
より効果的にするには、テストの結果に合わせて、次のおまじないを試してみよう。

友だちが増える

ブルーの紙に欲しい友だちのタイプを箇条書きにしてみて。その紙をパスケースに入れて持ち歩けば、自然と友だちが増えていくはず！

ケンカした友だちと仲直りできる

道や街でネコを見かけたら「スフィンクス　友とはあくしゅ」と、心の中でじゅもんを唱えて。ネコはエジプトでは神さまのおつかい。あなたの仲直りしたい気持ちをとどけてくれるよ！

未来を明るくする

Part.4では、今のあなたから見える未来の姿をテストしたけど、もっと近い未来、ちょっと先の出来事について、あなたに力を貸してくれるおまじないをしょうかいするよ。心の中で、しんけんに願うことが、成功のヒケツ。

夢がかなう

階段を上るとき、左足で上るごとに「アイドルになりたい!」など、かなえたい夢を心の中でつぶやいて。そして階段を上がりきったら「テトラクティス」と唱えよう。夢がかなう確率がグンと上がるよ!

ラッキーなことが起こる

朝でも晩でもいいよ。7時7分7秒になったら「ラッキーなことがありますように」と急いで心の中で願ってみて。近いうちにきっとイイことがあるよ!

対人運をアップする

Part.5では、今のあなたが、家族やせんぱい・こうはい、先生など、周りの人とじょうずにつきあう方法を診断したよ。ここでは、たくさんの人に好かれ、人気者になるおまじないを提案。これであなたは注目の人に!

人気者になれる

朝、学校に行く前に「☆」（五芒星）と「♃」（木星）のマークをバンソウコウの内側に描いて。それを小指にぐるっと巻くようにはろう。人気者になれるおまじないだよ!

ギャグがウケる

ペンケースの中にピンク、イエロー、ブルーのけい光ペンをいつも入れておいて。それだけであなたのギャグがだんだんとウケるようになるよ!

オシャレじょうずになれる

Part.6では、今のあなたの魅力を引き出すオシャレに関するテストをしょうかいしたよ。そのオシャレセンスをさらに高め、オシャレがマッチするボディをつくるためのおまじないを使って、もっとスペシャルなあなたを目指そう!

☆おまじない

センスをアップさせる

「アマリリス」と唱えながらリップクリームをくるくると出し、そのリップをくちびるにぬると、あなたのセンスがアップするよ!

スタイルがよくなる

新しいボディソープのボトルの底にピンクの油性マジックで「♀」マークを描こう。ボディソープを使い終わるころには、ノイスバディになるよ!キレイになった自分をイメージしながら体を洗うと、さらに効果的。

著者／森　冬生

占術家・心理テスト作家。徳島県生まれ。心理テストでは、意外性のある楽しい設問とするどい診断に定評がある。現在、雑誌、web、広告の分野でかつやく。「ベツコミ」「cookie」「ザ　マーガレット」「マーガレットBOOKストア!」チャレンジ「未来発見BOOK」などに、うらない、心理テストをれんさい中。著書に『ハッピーになれる心理テスト』（金の星社）、『Dr.リンのLOVE＆魅力UP風水ブック』（小学館）など多数。

執筆協力／青木隆二　デザイン／フラミンゴスタジオ

イラストレーション／愛野おさる(270-280)、あいはらせと(150-195)、いしいゆか(196-200,281-287)、泉リリカ(206-240)、かわぐちけい(246-264)、くずもち(14-49,55-88)、こいち(94-132)、沢音千尋(133-144)、柚月もなか(8-13,50-54,90-93,146-149,202-205,242-245,266-269)

編集／大西史恵

本書の内容に関するお問い合わせは、書名、発行年月日、該当ページを明記の上、書面、FAX、お問い合わせフォームにて、当社編集部宛にお送りください。電話によるお問い合わせはお受けしておりません。また、本書の範囲を超えるご質問等にもお答えできませんので、あらかじめご了承ください。
　FAX：03-3831-0902
　お問い合わせフォーム：http://www.shin-sei.co.jp/np/contact-form3.html

落丁・乱丁のあった場合は、送料当社負担でお取替えいたします。当社営業部宛にお送りください。本書の複写、複製を希望される場合は、そのつど事前に、出版者著作権管理機構（電話：03-3513-6969、FAX：03-3513-6979、e-mail：info@jcopy.or.jp）の許諾を得てください。
JCOPY ＜出版者著作権管理機構　委託出版物＞

めちゃカワ!!
心理テストパーフェクトBOOK　ドキドキコレクション

著　者	森　　冬　生
発行者	富　永　靖　弘
印刷所	株 式 会 社 高 山

発行所　東京都台東区台東2丁目24　株式会社 新星出版社
〒110-0016　☎03(3831)0743

Ⓒ Fuyumi Mori　　　　　　　　　Printed in Japan

ISBN978-4-405-07238-1